CRISTO VIVE
e nos chama a viver

Ademildo Gomes

CRISTO VIVE
e nos chama a viver

A Exortação apostólica *Christus Vivit*
à luz da Iniciação à Vida Cristã

Dados Internacionais de Catalogação na Publicação (CIP)
Angélica Ilacqua CRB-8/7057

Gomes, Ademildo
  Cristo vive e nos chama a viver : e exortação apostólica Christus Vivit à luz da iniciação à vida cristã / Ademildo Gomes. – 1. ed. -- São Paulo : Paulinas, 2020.
  120 p. (Ensina-nos a rezar)
  ISBN 978-65-5808-013-8

  1. Catequese - Igreja Católica 2. Jovens - Vida cristã 3. Exortação Christus Vivit 4. Missionários I. Título

20-2266   CDD 268.8

Índice para catálogo sistemático:
1. Catequese - Igreja Católica

1ª edição – 2020

Direção-geral: *Flávia Reginatto*
Editores responsáveis: *Vera Ivanise Bombonatto e Antonio Francisco Lelo*
Copidesque: *Ana Cecilia Mari*
Coordenação de revisão: *Marina Mendonça*
Revisão: *Sandra Sinzato*
Gerente de produção: *Felício Calegaro Neto*
Projeto gráfico: *Tiago Filu*
Diagramação: *Jéssica Diniz Souza*
Imagem de capa: *Jesus and the fishermen by Thomas Kinkade*

Nenhuma parte desta obra poderá ser reproduzida ou transmitida por qualquer forma e/ou quaisquer meios (eletrônico ou mecânico, incluindo fotocópia e gravação) ou arquivada em qualquer sistema ou banco de dados sem permissão escrita da Editora. Direitos reservados.

Paulinas
Rua Dona Inácia Uchoa, 62
04110-020 – São Paulo – SP (Brasil)
Tel.: (11) 2125-3500
http://www.paulinas.com.br – editora@paulinas.com.br
Telemarketing e SAC: 0800-7010081
© Pia Sociedade Filhas de São Paulo – São Paulo, 2020

Sumário

Siglas 7

Introdução 9

CAPÍTULO I
A dimensão querigmática 11

CAPÍTULO II
A dimensão eclesial 35

CAPÍTULO III
A dimensão social 49

CAPÍTULO IV
As dimensões afetiva e sexual 71

CAPÍTULO V
As dimensões espiritual e psicológica 81

CAPÍTULO VI
A dimensão sociocomunicativa 89

CAPÍTULO VII
A dimensão vocacional 95

CAPÍTULO VIII
A dimensão missionária 109

Conclusão 113

Bibliografia 117

SIGLAS

AL – Exortação apostólica pós-sinodal *Amoris et Laetitia*
CELAM – Conferência do Episcopado Latino-Americano e do Caribe
ChV – Exortação apostólica pós-sinodal *Christus Vivit*
CNBB – Conferência Nacional dos Bispos do Brasil
DAp – Documento de Aparecida
DGAE – Diretrizes Gerais da Ação Evangelizadora no Brasil 2019–2023
Doc. 105 – Documento Cristãos Leigos e Leigas na Igreja e na Sociedade
Doc. 107 – Documento Iniciação à Vida Cristã. Itinerários para formar discípulos missionários
EG – Carta encíclica *Evangelii Gaudium*
SCa – Exortação apostólica pós-sinodal. *Sacramentum Caritatis*

Introdução

O presente livro tem como objetivo acolher as instruções do Papa Francisco presentes na Exortação apostólica pós-sinodal *Christus Vivit*, destinada aos jovens e a todo o povo de Deus, unindo-as às atuais orientações da CNBB para a Iniciação à Vida Cristã, visando torná-las aplicáveis ao processo catequético no Brasil, tanto para a formação de catequistas como para acompanhamento e amadurecimento da fé dos catequizandos jovens e adultos.

O texto contempla os temas apresentados pelo Papa Francisco na Exortação *Christus Vivit*, porém, não segue a mesma estrutura organizacional do pontífice. Preferimos seguir a ordem das dimensões da vida cristã, considerando que é em torno dessas dimensões que a dinâmica catequética deve girar, em vista da formação integral dos jovens e adultos como discípulos e missionários de Jesus.

As dimensões da vida cristã que serão encontradas no texto estão, primeiramente, de acordo com a proposta do Papa Francisco para a evangelização atraente e eficaz dos jovens, como também para a formação, o acompanhamento e discernimento de seu projeto vocacional. Segundo, estão de acordo com a dinâmica apresentada pela CNBB para uma Iniciação à Vida Cristã de jovens e adultos com inspiração catecumenal.

No final de cada dimensão, serão indicadas algumas perguntas que ajudarão catequistas e catequizandos a discutirem e a buscarem propostas para uma melhor vivência da fé cristã.

É importante percebermos que essas dimensões não são "da" catequese, mas sim "do próprio ser cristão", fazem parte de sua identidade; porém, a nossa proposta é refletir sobre elas e aprofundar seus sentidos e implicações na vida cristã, dentro do processo catequético, para ajudar os catequistas e catequizandos jovens e adultos a assumirem seu papel na Igreja e no mundo.

O diferencial dessa reflexão é que não pensamos num subsídio que separasse catequistas e catequizandos, como se vivessem em mundos diferentes, mas sim que os integrasse num processo comum de aprofundamento da fé. A concepção do catequista como professor ou mestre e dos catequizandos como alunos fez com que existisse uma barreira entre esses dois grupos. Hoje, através da catequese, com inspiração catecumenal, mais testemunhal, celebrativa e mistagógica, precisamos quebrar esse muro e construir pontes, dando-nos as mãos, pois, no que corresponde à vida cristã, todos nós somos caminhantes, peregrinos e aprendemos uns com os outros – um enriquece a vida do outro com seus questionamentos e experiências de fé –, crescemos juntos, comunitária e fraternalmente.

Acreditamos que o estudo das dimensões da vida cristã dentro do processo catequético ajudará catequistas e catequizandos a conhecer, amadurecer a sua vocação e acolher no seu dia a dia o alegre chamado do Cristo ressuscitado à vida nova. Pois, como nos diz a Carta de São João: "Deus mostrou o seu amor para conosco, enviando o seu único Filho ao mundo, para que por ele vivamos" (1Jo 4,9). Portanto, ele vive e nos chama a viver.

Capítulo I
A dimensão querigmática

A catequese é uma troca de experiências e de aprendizado sobre a fé. Os catequistas não são "blindados" e isentos de dúvidas e equívocos. Pelo contrário, são pessoas que devem estar abertas aos sinais dos tempos, ao dinamismo do Espírito, bem como a estar dispostas a crescer e a melhorar a cada dia.

Os catequizandos não são seres vazios de espiritualidade ou "infantis" no caminho de Deus. Muitos trazem experiências de vida e de fé profundamente significativas. Os catequistas, portanto, precisam acolher, valorizar o que seus catequizandos oferecem e também rezar e partilhar com eles a vida e a Palavra, mostrando-se abertos a aprender.

A acolhida e o diálogo fraternos entre catequistas e catequizandos são elementos fundamentais na catequese, pois ambas as partes partilham de um processo de formação e conversão contínuo e necessário para a vida cristã. Tanto um grupo quanto o outro são responsáveis por anunciar a Boa-Nova da salvação trazida por Jesus, mas, antes, precisam escutar sua mensagem em seus corações e traduzi-la em palavras e ações.

Para transmitir a fé, não basta a experiência do tempo, de estar há muitos anos fazendo a mesma coisa, é preciso estar atento aos atuais desafios do contexto da Igreja e da sociedade. Isso exige humildade para interpretar o que Deus pede em cada momento e conversão pessoal e pastoral.

O que está diante de nós é o desafio da construção e consolidação do modelo pastoral da Iniciação à Vida Cristã. Esse modelo precisa ser implantado em cada comunidade eclesial, mesmo que de forma diferente, por conta da variedade de contextos, a partir de uma compreensão ampla de catequese, entendida mais como proclamação e vivência do Evangelho do que ação pastoral de um grupo eclesial específico e separado. Isso significa desenvolver a catequese não mais meramente a serviço dos sacramentos, mas colocá-la efetivamente a serviço da Iniciação à Vida Cristã,[1] tendo como prioridades a promoção do encontro pessoal com Cristo, a vivência comunitária da fé, o testemunho cristão perante os desafios e sofrimentos da sociedade, bem como a participação de cada um na missão evangelizadora da Igreja. Iniciar é um processo muito mais profundo, existencial, dinâmico e envolvente do que ensinar.[2]

A Iniciação à Vida Cristã se refere, principalmente, à adesão a Cristo, não se esgotando na preparação aos sacramentos do Batismo, Confirmação e Eucaristia. Seu fundamento e centralidade estão no querigma, o primeiro anúncio.[3] É esse primeiro anúncio que desencadeará um caminho de formação, de amadurecimento,[4] conhecimento dos elementos fundamentais da fé e do testemunho cristão.

---

[1] Cf. CNBB. *Iniciação à vida cristã: itinerário para formar discípulos missionários*. Brasília: CNBB, 2017, nn. 244-245. (Documentos da CNBB, n. 107.)

[2] Cf. ibidem, n. 122.

[3] Cf. idem. *Diretrizes Gerais da Ação Evangelizadora da Igreja no Brasil 2019-2023*. Brasília: CNBB, 2019, n. 145. (Documentos da CNBB 109.)

[4] PAPA FRANCISCO. Exortação apostólica *Evangelii Gaudium*, sobre o anúncio do Evangelho no mundo atual. São Paulo: Paulinas, 2013, n. 160.

O conteúdo essencial do primeiro anúncio (querigma) é a vida de Jesus Cristo, sua encarnação, sua pessoa, sua mensagem, sua missão e seu momento culminante de morte e ressurreição (mistério pascal). Esse anúncio deve ser feito numa atitude de amor, de estima e respeito por quem o escuta, com uma linguagem concreta e adaptada às circunstâncias e às pessoas.[5] Não podemos ficar tão preocupados e absorvidos em assuntos secundários, a ponto de nos esquecermos do essencial da fé cristã: a pessoa de Jesus.

O *Documento de Aparecida* já havia dito que conhecer Jesus é o melhor presente que qualquer pessoa pode receber, que tê-lo encontrado é o melhor que pode ocorrer em sua vida, e que torná-lo conhecido, com sua Palavra e obras, é uma grande alegria.[6]

O sustento dessa alegria é o reconhecimento de que, por maiores que sejam os desafios e as angústias, o Senhor Jesus se faz presente, ressuscitado e vitorioso sobre a morte e o pecado, caminhando conosco, seus discípulos; é ele que nos fortalece e nos leva a proclamar a alegria do Evangelho (Lc 21,13-35).

O primeiro anúncio é realizado por cristãos que fizeram a experiência do encontro com o Senhor e se tornaram discípulos missionários. Não são pessoas prontas ou perfeitas no discipulado, mas são membros da comunidade que desejam que outros façam a mesma experiência e participem da alegria de seguir o caminho da fé.[7] Esse anúncio é dirigido a pessoas que livremente decidiram acolher a mensagem cristã, por isso buscaram a Igreja e se deixaram encontrar por Deus. Portanto, esse anúncio não se faz

---

[5] Cf. CNBB, Doc. 107, n. 108.

[6] Cf. CELAM. *Texto conclusivo da V Conferência do Episcopado Latino-Americano e do Caribe*. Brasília/São Paulo: CNBB/Paulus/Paulinas, 2007, n. 29.

[7] Cf. CNBB, Doc. 107, n. 159.

por pressão ou manipulação, mas sim por atração.[8] A atração e a gratidão tornam-se anúncio. Toda pessoa que segue Jesus anuncia a beleza e a alegria profunda de viver como ele viveu. O discípulo, atraído pela beleza do seguimento, torna-se um iniciador de outros na vida de Cristo.[9]

É o encontro pessoal com Jesus Cristo, e não o simples conhecimento de doutrina, que sustenta e faz crescer a fé. O fato é que "ou educamos na fé, colocando as pessoas realmente em contato com Jesus Cristo e convidando-as para seu seguimento, ou não cumpriremos nossa missão evangelizadora".[10]

Somos todos convidados a renovar o encontro pessoal com Cristo e a tomar a decisão de nos deixar encontrar por ele, pois a vida que Jesus nos dá é uma história de amor que se quer misturar com a nossa e criar raízes na terra de cada um.[11]

Esse encontro com o Senhor é pessoal, dá-se a partir de uma experiência singular, única e irrepetível, mas também é intermediado e fortalecido pelo encontro fraterno, por isso, a fé cristã sempre supõe e exige uma vida de comunidade.[12] A comunidade é naturalmente o lugar da catequese, do encontro com Deus e do fortalecimento para o testemunho profético.

---

[8] Cf. ibidem, n. 162.
[9] Cf. ibidem, n. 12.
[10] DAp, n. 287.
[11] Cf. FRANSCISO. Exortação apostólica pós-sinodal *Christus Vivit*. Brasília: CNBB, 2019, n. 252. (Documentos Pontifícios, 37.)
[12] Cf. CNBB, DGAE 2019-2023, n. 133.

1.1 A ALEGRIA DO ENCONTRO E DO ANÚNCIO DO SENHOR

Em 2013, por ocasião do Sínodo sobre a Nova Evangelização para a Transmissão da Fé Cristã, o Papa Francisco afirmou que nos encontramos em uma nova etapa evangelizadora que deve ser marcada pela alegria.[13] A alegria é a primeira mensagem que deve ser anunciada e escutada na catequese. Mas não uma alegria qualquer, superficial e passageira, como se propaga no mundo, e sim aquela alegria plena que procede do encontro consciente, íntimo e verdadeiro com o Senhor. Isto é, a alegria da fé que nos encanta, nos transforma e nos motiva. Eis o primordial elemento do querigma cristão, a alegria, pois sem esta não se atrai ninguém.[14]

Às vezes, quando falamos de uma catequese alegre, pensamos nas músicas, nas dinâmicas e brincadeiras, em tudo aquilo que, de certa forma, elimina a monotonia dos encontros, tornando-os mais divertidos. Tudo isso é importante, mas o fundamental é pensarmos no próprio conteúdo da catequese. A principal mensagem da catequese é a da alegria. Isto é, o anúncio da vitória do amor sobre o ódio, do perdão sobre o pecado, da paz sobre a violência, da vida sobre a morte. Tudo isso resumido no essencial dado da fé cristã: a ressurreição de Jesus. Isso nunca pode ficar em segundo plano.

Todo catequista deve ser um cristão alegre, por se reconhecer amado por Deus, mesmo que não tenha os recursos pedagógicos da animação ou um perfil psicológico extrovertido que cative naturalmente as pessoas e as atraia para si. Sua alegria deve ser expressada principalmente pela maneira com que vive a sua fé, na confiança e

---

[13] Cf. EG, n. 1.
[14] CONGREGAÇÃO PARA A EVANGELIZAÇÃO DOS POVOS. *Guia para o mês missionário extraordinário*. Brasília: CNBB, 2019, p. 9.

convicção de que o amor de Deus conduz a sua história. É isso que irá motivar ele e, também, os catequizandos, apesar dos desafios, encontros e desencontros do processo catequético.

Falar de alegria na catequese é falar da alegria de evangelizar. Não há como tocar nesse assunto sem nos lembrarmos e nos inspirarmos no Papa Francisco. O nosso pontífice tem se revelado, acima de tudo, como um profeta da alegria. Uma alegria que não é expressada somente nas suas palavras ou em seus documentos, mas principalmente nas suas ações e feições.

Os meios de comunicação têm registrado vários momentos de sorriso do pontífice. Seu sorriso tem cativado crianças, jovens e adultos, católicos e não católicos, crentes e não crentes, pessoas de diferentes culturas, saberes e poderes. Muitos prestam atenção às suas palavras e a elas dão crédito, não somente porque são proferidas pelo líder máximo da Igreja e fundamentadas nas Sagradas Escrituras e na Tradição doutrinal da Igreja, mas porque sempre vêm acompanhadas de alegria e de esperança.

Mesmo nos momentos conturbados e nas decisões difíceis, como tem enfrentado na Igreja, Francisco não deixa de demonstrar uma feição de carinho e ternura para com o povo, sobretudo os vulneráreis e fragilizados pela marginalização, tais como crianças, mulheres, jovens, enfermos, idosos, pobres e refugiados. Como profeta da alegria, ele se torna porta-voz de uma Igreja que precisa ser alegre, misericordiosa e fraterna, e que tem a missão de ser um sinal de esperança para o mundo, que, muitas vezes, vive afundado em tristezas, calamidades, guerras, violências, injustiças e mortes.

A alegria dos cristãos e da Igreja não é aparente ou sem fundamento, ela tem uma raiz e uma razão. Sua raiz é a fé e sua razão é Cristo. Essa alegria tem que penetrar e residir no coração de cada fiel e deve ser a força motriz da ação evangelizadora. Por isso, todos os agentes de pastoral e movimento, de modo especial os catequistas, devem ser profetas da alegria do Evangelho e todos os catequizandos devem ouvir e acolher essa alegria como algo que toca, mexe, transforma e conduz as suas vidas, no desejo de viver em constante diálogo e encontro com o seu Senhor e com a sua Igreja na comunidade de irmãos.

Muitas vezes, os catequistas se deparam com catequizandos tíbios, apáticos e indiferentes à mensagem que é anunciada. Isso lhes causa certa tristeza, desânimo, como se o trabalho não estivesse valendo a pena. Tal fato acontece porque a mensagem anunciada ainda não lhes alegrou de verdade, não lhes tocou profundamente. Temos que ser insistentes, mas também perseverantes na alegria, como nos diz o apóstolo Paulo: "Sejam alegres na esperança, fortes nas tribulações, perseverantes na oração" (Rm 12,12). Aquilo que pregamos só cativa os outros, se nos tiver cativado primeiro.

O conteúdo de nossa mensagem é, em si mesmo, alegre, mas só será recebido como tal, se for acompanhado de um testemunho, de uma experiência concreta de vida de quem também escutou, se encantou com a mensagem e agora a anuncia: "O que vimos com nossos olhos, o que nossas mãos apalparam e nossos ouvidos escutaram, nós vos anunciamos" (cf. Jo 1,1-3). Como nos diz o Papa Francisco:

> A alegria do Evangelho enche o coração e a vida inteira daqueles que se encontram com Jesus. Quantos se deixam salvar por ele são libertados do pecado, da tristeza, do vazio interior, do isolamento. Com Jesus Cristo, renasce sem cessar a alegria [...] Um anúncio renovado proporciona aos crentes, mesmo tíbios ou não praticantes, uma nova alegria na fé e uma fecundidade evangelizadora. Na realidade, o seu centro e a sua essência são sempre o mesmo: o Deus que manifestou o seu amor imenso em Cristo morto e ressuscitado.[15]

---

[15] Cf. EG, nn. 1 e 11.

Contudo, o pontífice nos alerta sobre o grande risco do mundo atual, que, com sua múltipla e avassaladora oferta de consumo, provoca no ser humano uma tristeza.[16] Precisamos distinguir o prazer da alegria. Enquanto o prazer é momentâneo, a alegria é duradoura. A sociedade técnica teve a possibilidade de multiplicar as ocasiões de prazer; no entanto, ela encontra dificuldades para engendrar também a alegria.[17]

Quando a vida interior se fecha nos próprios interesses, já não se ouve a voz de Deus, e, portanto, já não se goza da verdadeira alegria, a alegria do seu amor. Muitos cristãos, inclusive catequistas e catequizandos, caem nessa armadilha, transformando-se em pessoas ressentidas, queixosas, sem alegria, sem esperança, sem vida. No entanto, esse não é o desígnio que Deus tem para nós, essa não é a vida no Espírito que jorra do coração de Cristo ressuscitado.[18]

Como viver essa alegria em meio a tantas tribulações que passamos na vida: sonhos frustrados, planos que não se realizaram, incompreensões, falta de oportunidades, desemprego, perdas, doenças, traumas e mortes? O Papa Francisco nos alerta que a alegria não se vive da mesma maneira em todas as etapas e circunstâncias da vida, por vezes, muito duras. Somos chamados a nos adaptar e nos transformar, mas sempre deve permanecer em nós um feixe de luz que nasce da certeza e confiança de que, mesmo no meio das piores angústias, somos infinitamente amados.[19]

O segredo, nos diz o pontífice, é conservar um coração crente, generoso e simples. Pois um coração generoso e simples é um

---

[16] Cf. ibidem, n. 2.
[17] Cf. ibidem, n 7.
[18] Cf. ibidem, n. 2.
[19] Cf. ibidem, n. 6.

coração cheio de Deus e de sua alegria que não deseja outra coisa senão o bem do próximo. O coração soberbo vira as costas para Deus, cai na ilusão da autossuficiência, que conduz à frustração, ao isolamento e à tristeza. Dessa forma, a vida deixa de ser uma peregrinação sob a luz da vida, para se tornar um pesado funeral sob a funesta sombra da morte.[20] O cristão não é profeta de morte, mas, sim, missionário da vida.

Ação catequética, se não for assumida e vivida sob a luz da alegria que vem do amor, torna-se uma pesada obrigação. Dessa forma, a mensagem não atrai, não cativa, nem motiva. Pode ser até eficiente, mas pouco eficaz. Portanto, se queremos que nosso serviço catequético não seja uma pesada, cansativa e infrutífera doutrinação, mas, sim, uma alegre evangelização, recuperemos e aumentemos o fervor de espírito, a suave e reconfortante alegria de evangelizar, mesmo quando for preciso semear com lágrimas. Porque nossos catequizandos – alguns com esperança e motivação pessoal, mas também aqueles que procuram com angústia, por simples obrigação e costume, às vezes até sem vontade própria e com indiferença – precisam receber a Boa-Nova dos lábios, não de evangelizadores tristes, impacientes, ansiosos, que não sabem lidar com suas próprias crises, mas sim de ministros do Evangelho cuja vida irradie fervor, pois foram os que receberam primeiro em si a alegria de Cristo.[21]

Os cristãos têm o dever de anunciar Jesus Cristo, sem excluir ninguém, porém, não como quem impõe uma nova obrigação, mas como quem partilha uma alegria, indica um horizonte estupendo,

---

[20] Cf. ibidem, n. 7.
[21] Cf. ibidem, n. 10.

oferece um banquete apetecível. Pois a Igreja não cresce por proselitismo, mas por atração.[22]

1.2 O AMOR: A PORTA DE ENTRADA PARA A FÉ

O primeiro tema catequético que aparece na Exortação pós-sinodal *Cristus Vivit* (Cristo Vive) é o tema do amor de Deus. O Papa Francisco considera que essa é a primeira mensagem que a Igreja precisa dar aos que batem a sua porta. De fato, todos os outros temas só terão sentido à luz desse. O amor de Deus é o que move a vida cristã, por isso, deve ser a porta de entrada para a fé. Aqueles que querem ser discípulos de Jesus, antes de tudo, devem se sentir e se reconhecer amados por ele. A partir disso, o processo necessário se tornará atraente e alegre.

> Eis a primeira verdade que quero dizer a cada um: "Deus ama-te". Mesmo que já o tenhas ouvido – não importa! –, quero recordar-te: Deus ama-te. Nunca duvides disto na tua vida, aconteça o que acontecer. Em toda e qualquer circunstância, és infinitamente amado.[23]

No Antigo Testamento, Deus não era revelado e anunciado a partir de noções abstratas, distantes da vida pessoal e social, mas através de suas próprias ações, isto é, de sua presença ativa e atuante na história do seu povo. Essa ação de Deus ganhou a sua forma especial na nova Aliança, através do mistério pascal de Jesus, quando o Senhor veio ao encontro da humanidade pecadora e humilhou-se,

---

[22] BENTO XVI. Homilia na Eucaristia de inauguração da V Conferência Geral do Episcopado Latino-Americano e do Caribe (Santuário da Aparecida – Brasil, 13 de maio de 2007).

[23] ChV, n. 112.

assumindo a condição de servo, deixando-se condenar e que seu coração fosse cruelmente transpassado. É na contemplação de Jesus crucificado e transpassado que encontramos a real definição em que consiste o amor. A partir desse olhar, o cristão encontra, também, o caminho e a inspiração para viver e para amar.[24] É nesse sentido que o amor se torna mandamento. O amor pode ser "mandado", porque antes nos é dado.[25]

A união com Cristo é, ao mesmo tempo, união com todos os outros aos quais ele se entrega. O amor a Deus e o amor ao próximo caminham juntos, numa união indissolúvel. De fato, "se alguém disser: Eu amo a Deus, mas odiar a seu irmão, é mentiroso, pois quem não ama a seu irmão ao qual vê, como pode amar a Deus, que não vê?" (1Jo 4,20). Deus amou-nos primeiro, ele nos faz ver e experimentar o seu amor, e dessa experiência é que surge também em nós a capacidade de amar. O amor, portanto, não é meramente um sentimento, mas um processo que permanece continuamente em caminho de renovação e amadurecimento.[26]

Amar só é possível de se realizar a partir do encontro íntimo com Deus. A partir desse encontro, aprendemos a ver as pessoas não mais com os olhos da carne, mas com os olhos da fé, segundo a perspectiva de Jesus Cristo. Por isso, todos que são seus amigos e seus irmãos tornam-se também nossos amigos e nossos irmãos.[27]

A consciência e a experiência de ser amado nos levam a fazer tudo por amor. Daí deriva uma das frases mais famosas de Santo Agostinho: "Ama e faze o que quiseres. Se te calas, cala-te movido

---

[24] Cf. ibidem, n. 12.
[25] Cf. ibidem, n. 14.
[26] Cf. ibidem, nn. 16-17.
[27] Cf. ibidem, n. 18.

pelo amor; se falas em tom alto, fala por amor, se corriges, corrige com amor; se perdoas, perdoa por amor. Tem no fundo do coração a raiz do amor: dessa raiz não pode sair senão o bem".[28]

O amor é a virtude divina em que culminam todas as outras virtudes. É o ápice a que visam a fé e a esperança.[29] Ele é o fundamento do qual brota a fé. Quem está tomado de amor não precisa convencer-se da fé, ele crê simplesmente. Ele não sabe fazer outra coisa que não seja crer. O mesmo acontece na relação da esperança com o amor. O amor está cheio de esperança. Sem amor, a esperança torna-se facilmente temeridade ou otimismo vazio. Quando estivermos na glória, acabarão fé e esperança. Só ficará o amor. Seremos só amor e habitaremos para sempre em Deus amor.[30]

Na Palavra de Deus, encontramos muitas expressões do seu amor. É como se ele estivesse procurando maneiras diferentes de se manifestar, para ver se, com alguma dessas palavras, pode chegar ao nosso coração. Às vezes, apresenta-se como aqueles pais carinhosos que brincam com seus filhos: "Segurava-os com laços humanos, com laços de amor, fui para eles como os que levantam uma criancinha contra o seu rosto" (Os 11,4). Outras vezes destaca a força e a firmeza do seu amor, que não se deixa derrotar: "Ainda que os montes sejam abalados e tremam as colinas, o meu amor por ti nunca mais será abalado, e a minha aliança de paz nunca mais vacilará" (Is 54,10). Ou, então, nos diz que desde sempre nos amou: "Amei-te com um amor eterno" (Jr 31,3). Faz-nos notar que

---

[28] SANTO AGOSTINHO. *Comentário da Primeira Epístola de São João*. São Paulo: Paulinas, 1989, pp. 7-8.

[29] Cf. GRÜN, Anselm. *Virtudes que nos unem a Deus: fé, esperança e amor*. 2. ed. Petrópolis: Vozes, 2008, pp. 66-67.

[30] Cf. ibidem, pp. 90-91.

ele sabe ver a nossa beleza, aquela que ninguém mais pode enxergar: "És precioso aos meus olhos, te estimo e te amo" (Is 43,4).[31]

Precisamos confiar na recordação de Deus. A sua memória não é composta de um "disco rígido" que grava e armazena todos os nossos dados, mas sim de um coração terno e rico de compaixão, que se alegra em eliminar definitivamente todos os nossos pecados e nos conduzir para uma vida nova. Ele não guarda os nossos erros e nos condena, pelo contrário, ajuda-nos a aprender e crescer com as nossas quedas.[32]

O amor de Deus não se impõe, não esmaga, não marginaliza, não humilha nem subjuga. Seu amor é diário, discreto e respeitador, amor feito de liberdade e para a liberdade, amor que cura, eleva e salva. O amor do Senhor não é de proibições, mas de correções e constantes convites à conversão e reconciliação, sempre disposto a nos dar nova oportunidade de vida.[33]

No amor do Senhor está a paz e o repouso que acalmam todas as inquietações e tempestades de nossa vida, pois somos criados por ele e para ele. Com humildade e sabedoria, assim dizia Santo Agostinho: "Senhor, criastes-nos para vós e o nosso coração não está quieto enquanto não descansar em vós".[34] É confiantes nesse amor que nos tornamos cristãos e evangelizadores, comprometendo-nos com a obra divina da salvação.

---

[31] Cf. ChV, n. 114.
[32] Cf. ibidem, n. 115.
[33] Cf. ibidem, n. 116.
[34] SANTO AGOSTINHO. *Confissões*. São Paulo: Paulus, 1984, I, 1, 13.

1.3 CRISTO VIVE E NOS QUER VIVOS

A vida em Cristo é outro ponto-chave da Exortação *Christus Vivit*. Diz o Papa Francisco: "Cristo vive, ele é a nossa esperança. Ele vive e nos quer vivos!".[35] Jesus abre uma nova vida para todos. Quem encontrou Jesus Cristo e segue-o pelas estradas da vida, já vive a felicidade de Deus entre as luzes e sombras deste mundo, porque já sabe que herdará o Reino de Deus".[36]

A ressurreição de Jesus é o "coração" da vida cristã, portanto, da Igreja e da catequese. Sem a fé na ressurreição de Jesus, a nossa esperança é frágil, a fé é vã e o amor é limitado. Às vezes, nas circunstâncias difíceis da vida, passamos por sinais de morte, de trevas e pecados e chegamos a perguntar: Será que o Senhor ressuscitou mesmo? Será que ele está vivo e está no meio de nós? E aí, procuramos explicações racionais, de acordo com os esquemas de nossa inteligência, para explicar o que faz parte do mistério de Deus.

A ressurreição é o mais profundo mistério de fé, diante do qual a razão emudece, as explicações racionais são frágeis e limitadas, restando somente a confiança total no plano de salvação de Deus e na sua promessa de vida eterna que se cumprem primeiramente em Jesus, e que, por meio dele, se cumprirão em toda a humanidade. Ele vive para que todos nós vivamos, ele ressuscitou para que nós, também, ressuscitemos. E isso nos leva a viver com mais confiança as realidades cotidianas e a enfrentar as vicissitudes da vida com coragem e fidelidade.

---

[35] ChV, n. 1.
[36] BRUSTOLIN, Leomar Antônio; LELO, Antônio Francisco. *Iniciação à Vida Cristã: Batismo, Confirmação e Eucaristia de adultos: livro do catequizando*. 7. ed. São Paulo: Paulinas, 2011, p. 19.

Nós não cremos num "amaldiçoado", num morto ou fracassado. Nós cremos em um único Senhor que venceu o mal e a morte para que todos nós, nele e por meio dele, sejamos também vencedores. O Senhor vive verdadeiramente. E a sua vida dá sentido à nossa vida e a nossa missão no mundo. Pois, como disse o apóstolo Paulo: "Se Cristo não tivesse ressuscitado, vã seria a nossa pregação" (1Cor 15,14).

É verdade que, muitas vezes, parece que nossa fé se esvazia, porque constatamos injustiças, maldades, crueldades e mortes. Mas também é certo que, no meio da obscuridade, sempre começa a desabrochar algo novo que, mais cedo ou mais tarde, produz fruto. Essa é a força transformadora da ressurreição.[37]

A nossa fé nos mostra que não é a morte o destino derradeiro, senão que é a vida plena e realizada quem tem a palavra definitiva. Em Cristo, a morte ganhou sentido totalmente novo: por sua morte, a morte foi derrotada. A vida em união com Deus não pode ser afetada radicalmente pela morte para quem, como Jesus, continua confiando em Deus. É essa espiritualidade vitoriosa que deve iluminar nossa vida cristã, nossas celebrações e a nossa missão.

Na incorporação ao mistério pascal de Cristo, vive-se a essência da Iniciação à Vida Cristã. Aí está o seu princípio, meio e fim.[38] *A Páscoa era a festa da primavera dos pastores do Oriente. Celebrava-se na primeira lua cheia da primavera, como a festa da vida que renascia depois do inverno.* Anos depois, essa festa assumiu o sentido de passagem, saída, isto é, passou a ser celebrada como libertação do Egito, um fato memorável na tradição judaica.

---

[37] Cf. EG, n. 276.
[38] Cf. CNBB, Doc. 107, n. 97.

A Sagrada Escritura narra, no livro do Êxodo, como o povo, liderado por Moisés, guiado pelas mãos do Deus libertador, conseguiu escapar das garras do faraó e seu exército. Essa saída, com a passagem pelo mar, deu origem ao novo sentido espiritual e social da Páscoa para o povo de Deus (Ex 12,1-14.21-28). Era celebrada como festa de família num espaço de catequese transmitida de geração para geração. Comiam-se ervas amargas para lembrar a amargura da escravidão e pão ázimo ou sem fermento para recordar a saída apressada do Egito. O cordeiro e o sangue faziam memória da proteção divina. Memória e renovação, portanto, da Aliança entre Deus e seu povo. Após a construção do templo, no período pós-exílico, a Páscoa passou a ser festa de romaria do povo judeu à Jerusalém. Às três horas da tarde se matavam os cordeiros no próprio templo e, depois, eram levados para as casas, onde se reuniam as famílias para celebrar a ceia (Ex 12,43).

Porém, na pessoa de Jesus, a Páscoa adquiriu novo sentido, com novos elementos. É Jesus o próprio Cordeiro imolado, o pão oferecido na ceia é o seu próprio corpo, o vinho partilhado no cálice é seu próprio sangue derramado em favor da humanidade, no qual se estabelece uma nova e eterna aliança de Deus com o seu povo. Nasce aqui a Páscoa cristã, na qual celebramos a paixão, a morte e a ressurreição, isto é, a passagem da morte para a vida. Desse modo, a Páscoa cristã é, sobretudo, a Páscoa da ressurreição, a Páscoa da vida, e crer nisso é o elemento essencial da fé cristã.[39]

São Paulo nos afirma que a ressurreição não é apenas um acontecimento futuro, na verdade, pelo Batismo, já participamos da Páscoa da ressurreição: "Fostes sepultados com ele no Batismo, também com ele ressuscitastes, pela fé no poder de Deus, que o

---

[39] Cf. CATECISMO DA IGREJA CATÓLICA. *Edição típica vaticana*. Petrópolis/São Paulo: Vozes/Loyola, 1999, n. 991.

ressuscitou dos mortos". No entanto, alerta o apóstolo: "Se, pois, ressuscitastes com Cristo, procurai as coisas do alto, onde Cristo está sentado à direita de Deus" (Cl 2,12; 3,1). Isso quer dizer que, para participarmos da Páscoa de Cristo, a Páscoa da ressurreição, precisamos assumir, desde já, uma vida nova, uma vida de ressuscitados. "Se alguém está em Cristo, é nova criatura. Passaram-se as coisas antigas; eis que se fez uma realidade nova" (2Cor 5,17).

Jesus ressuscitou e quer fazer-nos participantes da novidade da sua ressurreição. Junto dele, podemos beber da verdadeira fonte que mantém vivos os nossos sonhos e projetos, lançando-nos no anúncio da vida que vale a pena viver.[40] Somos amados pelo Senhor e redimidos pelo seu sangue precioso. Não somos mercadoria em leilão. Portanto, não nos deixemos comprar, não nos deixemos seduzir, não nos deixemos escravizar pelas ideologias que incutem ideias estranhas na nossa cabeça, tornando-nos escravos, dependentes e fracassados na vida. Apaixonemo-nos por essa liberdade que nos é oferecida por Jesus. Contemplemos o seu sangue derramado pelo grande amor que nos tem e nos deixemos purificar por ele. Assim, poderemos renascer sempre de novo[41] como cristãos autênticos que vivem e testemunham sua fé.

Não podemos pensar em Jesus apenas como uma recordação, como alguém que nos salvou há dois mil anos. Isso de nada nos aproveitaria, pois não nos libertaria. Jesus é aquele que nos enche com a sua graça, nos liberta, nos transforma, nos cura e consola hoje, no momento e na situação que nos encontramos. Ele vive e quer que também vivamos.[42] O mal não teve a última palavra sobre ele. Também, na nossa vida, o mal não terá a última palavra,

---

[40] Cf. ChV, n. 32.
[41] Cf. ibidem, nn. 122-123.
[42] Cf. ibidem, n. 124.

porque o nosso amigo, que nos ama, quer triunfar em nós. O nosso Salvador vive.[43]

Se conseguirmos apreciar com o coração a beleza desse anúncio e nos deixarmos encontrar pelo Senhor; se nos deixarmos amar e salvar por ele; se entrarmos na sua intimidade e começarmos a conversar com ele sobre as coisas concretas da nossa vida, esta será a experiência fundamental que sustentará a nossa vida. Porque a vida cristã não é uma decisão ética ou uma grande ideia, mas o encontro com um acontecimento, com uma Pessoa que dá à vida um novo sentido e um rumo decisivo.[44] Essa pessoa tem um rosto e um nome, chama-se Jesus Cristo.

1.4 JESUS, MODELO PARA O CATEQUISTA E PARA O CATEQUIZANDO

Os dois Evangelhos que narram a infância de Jesus, Lucas e Mateus, contam-nos, também, alguns fatos da sua adolescência e juventude. Mateus coloca esse período da juventude do Senhor entre dois episódios: o regresso da sua família a Nazaré, depois do tempo de exílio, e o seu batismo no Jordão, onde começou a sua missão pública (cf. Mt 2,14-23). As primeiras imagens de Jesus, jovem adulto, são as que o apresentam na multidão, ao pé do rio Jordão, para ser batizado pelo primo João Batista, como qualquer um do seu povo (cf. Mt 3,13-17).[45]

Aquele batismo não era como o nosso, que nos introduz na vida da graça, mas foi uma consagração antes de começar a grande

---

[43] Cf. ibidem, n. 129.
[44] Cf. ibidem, n. 126.
[45] Cf. ibidem, n. 24.

missão da sua vida. Jesus não precisava desse batismo. Mas o fato de aceitá-lo revela que ele obedecia integralmente ao projeto do Pai, solidarizando-se com a causa das pessoas e revelando-lhes que, de fato, nele a justiça de Deus chegou.[46]

O batismo de Jesus foi motivo de grande alegria para o Pai: "Tu és o meu Filho muito amado" (Lc 3,22). Imediatamente Jesus apareceu cheio do Espírito Santo e foi levado pelo Espírito ao deserto. Assim, estava pronto para ir pregar, fazer prodígios, libertar e curar (cf. Lc 4,1-14). Cada um de nós, quando se sente chamado a cumprir uma missão nesta terra, é convidado a reconhecer dentro de si as mesmas palavras que Deus Pai dissera a Jesus: "Tu és o meu filho muito amado".[47] O nosso Batismo deve ser também um impulso para a missão, para o testemunho de nossa fé, perante os desafios do mundo. Porém, um testemunho a partir de uma vivência comunitária.

Jesus não foi um adolescente solitário ou um jovem fechado em si mesmo. Era um jovem que compartilhava sua vida numa família bem integrada na aldeia. Aprendera o ofício do pai e, depois, substituiu-o como carpinteiro. Por isso, às vezes, era chamado "o filho do carpinteiro" (Mt 13,55) e, em outras, simplesmente de "o carpinteiro" (Mc 6,3). Ele era um rapaz da aldeia como os outros, que se relacionava normalmente. Não se mantinha separado dos demais. Nem mesmo cresceu numa relação fechada e exclusiva com Maria e José, pelo contrário, sua família era alargada, envolvendo parentes e amigos. Assim se compreende que, ao regressar da peregrinação a Jerusalém, os pais estivessem tranquilos, pensando que aquele adolescente de doze anos (cf. Lc 2,42) se movia livremente

---

[46] BORTOLINI, José. *Roteiro homiléticos. Anos A, B, C. Festas e solenidades.* São Paulo: Paulus, 2007, p. 52.
[47] Cf. ChV, n. 25.

entre as pessoas da caravana (Lc 2,44). Graças à confiança que seus pais nele depositavam, Jesus movimentava-se livremente e aprendia a caminhar com todos os outros.[48]

Esses aspectos da vida de Jesus podem servir de inspiração para todos os catequistas e catequizandos que crescem dia a dia na fé, em vista da missão como cristãos na Igreja e no mundo. Olhar para a vida de Jesus, mesmo na sua fase inicial, implica amadurecer na relação com o Pai e na disponibilidade a ser cumulado do Espírito. Isso significa não nos isolarmos do mundo, da família e nos transformarmos numa minoria seleta que se preserva de todo contágio social. A vida cristã deve nos levar ao encontro pessoal e autêntico com Deus, mas também ao encontro sincero, generoso e misericordioso com os nossos irmãos, iniciando pelas nossas famílias.

1.5 O ESPÍRITO QUE DÁ VIDA

O Espírito é a alma da Igreja evangelizadora, a quem pedimos, incessantemente, que venha renovar, sacudir e impelir a Igreja numa decidida saída de si mesma, a fim de evangelizar todos os povos.[49]

A presença do Espírito se realiza através de três formas fundamentais no processo da Iniciação à Vida Cristã: é *precursor* (vem antes, impulsiona); é acompanhante (está presente em cada momento, dando olhos para ver e ouvidos para ouvir o mistério de

---

[48] Cf. ibidem, nn. 28-29.
[49] EG, n. 261.

Deus; é continuador (leva adiante, aperfeiçoando progressivamente a identidade plena do discípulo de Cristo).[50]

Aqui estamos diante de uma das dimensões centrais da Iniciação à Vida Cristã, a dimensão da presença permanente do Espírito (*pneumatológica*). É isso que faz da Igreja uma comunhão no amor, uma unidade na diversidade, já que todos confessam Cristo como Senhor, na força do mesmo Espírito (1Cor 12,3). Todos são ungidos pelo Espírito Santo (Jo 2,20) e agraciados com carismas diversos, em vista da edificação da comunidade (1Cor 14,26).[51]

Onde estão o Pai e Jesus Cristo, também está o Espírito Santo. É ele que prepara e abre os corações para recebermos o anúncio, é ele que mantém viva a experiência de salvação, é ele que nos ajudará a crescer na alegria, se o deixarmos agir. O Espírito Santo enche o coração de Cristo ressuscitado e de lá, como de uma fonte, derrama-se na nossa vida. E quando o recebemos, o Espírito Santo faz-nos entrar cada vez mais no coração de Cristo, para que nos enchamos sempre mais com o seu amor, a sua luz e a sua força.[52]

Todos os dias devemos invocar o Espírito Santo para que renove em nós constantemente a experiência do grande anúncio. Cada vez que fazemos isso, não perdemos nada, pelo contrário, ele pode mudar a nossa vida, pode iluminar e dar-lhe um rumo melhor. Não nos mutila, não nos tira nada, antes, ajuda-nos a encontrar da melhor maneira aquilo que precisamos. Precisamos de amor? Não o encontraremos na devassidão, usando, possuindo ou dominando as outras pessoas. No Espírito Santo, encontraremos o amor de uma forma que nos fará verdadeiramente felizes. Buscamos intensidade?

---

[50] Cf. CNBB, Doc. 107, n. 100.
[51] Cf. ibidem, n. 101.
[52] Cf. ChV, n. 130.

Não a viveremos acumulando objetos, gastando dinheiro, correndo desesperadamente atrás das coisas deste mundo; chegaremos de uma maneira muito mais bela e satisfatória, se nos deixarmos guiar pelo Espírito Santo.[53]

Buscamos paixão? Deixemo-nos enamorar por ele, porque nada pode ser mais importante do que encontrar Deus, enamorar-nos dele de maneira definitiva e absoluta. Esse amor de Deus, que se apodera apaixonadamente de toda a vida, é possível pelo Espírito Santo, porque "o amor de Deus foi derramado nos nossos corações pelo Espírito Santo que nos foi dado" (Rm 5,5).[54]

Na vida de Jesus, o missionário do Pai, a ação do Espírito permeava seu ser e sua ação. Desde o anúncio do nascimento, o início da vida pública, a atividade missionária, até o momento da morte e ressurreição, era sempre a força vital do Espírito que o movia e impulsionava. Abrir-nos à ação do Espírito é perdermos todos os medos, porque é ele que dá consistência e fecundidade à nossa vida eclesial, com suas diferenças, multiplicidades e desafios. A vida no Espírito não nos fecha em intimidade cômoda e fechada, mas sim nos torna pessoas generosas e criativas, felizes no anúncio e no serviço missionário.[55]

A Igreja não precisa apenas de missionários, muito menos de pessoas que simplesmente receberam sacramentos e passaram a ser meros consumidores da fé, mas de evangelizadores com espírito, como diz o Papa Francisco, isto é, evangelizadores que se abrem sem medo à ação do Espírito Santo.[56] "Uma evangelização com

---

[53] Cf. ibidem, n. 131.
[54] Cf. ibidem, n. 132.
[55] Cf. DAp, 285.
[56] Cf. EG, n. 259.

espírito é muito diferente de um conjunto de tarefas vividas como uma obrigação pesada, que quase não se tolera ou se suporta."[57] "Evangelizadores com espírito quer dizer evangelizadores que rezam e trabalham."[58]

Assim como o corpo precisa da alma, a Igreja precisa do Espírito. O Espírito é a vida da Igreja e é a vida espiritual dos cristãos. Sem o Espírito, Jesus permanece um personagem do passado. Sem o Espírito, a Escritura é letra morta. Sem o Espírito, nossos trabalhos são inúteis, e há um desgaste sem fecundidade, assim como nossas orações e cantos são palavras vazias, e não louvores e súplicas ao Senhor. Sem o Espírito, a Igreja é uma instituição humana, uma ONG, uma organização que não conduz ninguém para o encontro com Deus. Mas temos o Espírito Santo. Jesus soprou sobre nós, e nos concedeu o Espírito Santo. Por isso, a Igreja não é uma mera instituição, é uma comunidade de irmãos, os nossos trabalhos não são inúteis, mas sim carismas exercidos para o bem comum, e os nossos cantos e orações são louvores ao Senhor, porque temos o Espírito Santo.

Os efeitos desse Espírito nós já percebemos através do exemplo dos discípulos, conforme nos narra o livro dos Atos dos Apóstolos. Eles estavam com medo de anunciar as maravilhas de Deus, estavam tristes após a morte de Jesus. Mas o Espírito lhes deu coragem e alegria, os fez acreditar na ressurreição. O Espírito une, dá coragem, alegra, consola. O Espírito é a linguagem do amor, da alegria e da paz. Acolhamos o Espírito de Deus em nossa vida e sejamos também comunicadores do seu amor, semeando a paz onde

---

[57] Ibidem, n. 261.
[58] Ibidem, n. 262.

há conflitos, a alegria onde há tristeza, ânimo e coragem onde reina o medo e vida onde reina a morte.

O Espírito pode curar-nos de tudo o que nos faz esmorecer no compromisso cristão. Suas "línguas de fogo" fazem arder de amor e de esperança, mesmo os corações abatidos. Devemos, portanto, nos deixar conduzir por ele, renunciando a calcular e controlar tudo e permitir que ele ilumine, guie e dirija os nossos passos para onde quiser. O Espírito Santo sabe o que faz falta em cada época e em cada momento.[59] É o protagonismo do Espírito que garante a fecundidade de toda atividade catequética e da missão da Igreja.

Para refletir

1. Como estamos acolhendo o amor de Deus em nossa vida?
2. Como estamos testemunhando a nossa fé? O que falta para que o nosso testemunho seja mais atraente?

---

[59] Cf. ibidem, n. 280.

Capítulo II
A dimensão eclesial

"É na Igreja que podemos falar em Iniciação à Vida Cristã."[1] A comunidade cristã é o sujeito indispensável dos processos de Iniciação à Vida Cristã. Quem busca Jesus precisa viver uma forte e atraente experiência eclesial.[2]

A experiência desse amor gratuito e transformador de Deus gera fraternidade que se concretiza em comunidade de fé, na qual a vida, com suas alegrias e dores, é partilhada. A vida comunitária é terreno fértil para o anúncio e o encontro com Jesus Cristo. Ao entregar aos seus apóstolos o mandamento novo, Jesus afirma: "Nisso conhecerão todos que sois meus discípulos: se tiverdes amor uns para com os outros" (Jo 13,35).[3] Toda a iniciação cristã é caminho de conversão, que há de ser realizada com a ajuda de Deus e em constante referimento à comunidade eclesial.[4]

Se a comunidade eclesial é o sujeito da Iniciação à Vida Cristã, temos que pensar no verdadeiro sentido da Igreja. O Papa Francisco

---

[1] CNBB, Doc. 107, n. 105.
[2] Cf. ibidem, n. 106.
[3] Cf. idem, DGAE, n. 128.
[4] Cf. BENTO XVI. Exortação apostólica pós-sinodal *Sacramentum Caritatis*, sobre a Eucaristia, fonte e ápice da vida e da missão da Igreja. São Paulo: Paulinas, 2007, n. 19.

tem insistido em nos mostrar que a Igreja de Cristo é a casa da misericórdia, onde todos devem ser acolhidos e amados. A Igreja não é a comunidade dos perfeitos, mas dos pecadores perdoados e em busca do perdão (Mt 9,13): não é uma alfândega, mas a casa paterna onde há lugar para todos (EG, 47). Os discípulos do Senhor não são controladores da graça, mas embaixadores de misericórdia, impelidos a constituir comunidades abertas ao diálogo, à acolhida, à compreensão e à compaixão (Lc 15,11-32).[5]

Devemos deixar de lado toda burocratização que afasta, toda aparência de empresa que presta serviços religiosos e transformarmos nossas comunidades em lugar de encontro com o Deus misericordioso que sempre pacientemente nos espera. Nossas comunidades precisam ser oásis de misericórdia no deserto da história,[6] lugar do olhar, do abraço e do afeto.[7]

A comunidade é o lugar da escuta da Palavra de Deus. "A Igreja funda-se sobre a Palavra de Deus, nasce e vive dela. Por isso, a Sagrada Escritura precisa estar sempre presente nos encontros, nas celebrações e nas mais variadas reuniões"[8] e, principalmente, no dia a dia dos catequistas e catequizandos.

A comunidade cristã é o lugar da liturgia. A liturgia é o coração da Igreja.[9] Ela remete ao Mistério e, a partir deste, ao compromisso fraterno e missionário. É necessário promover uma liturgia essencial, que não sucumba aos extremos do subjetivismo emotivo nem tampouco da frieza e da rigidez rubricista e ritualística, mas

---

[5] Cf. CNBB, DGAE, n. 131.
[6] Cf. idem, DGAE, n. 132.
[7] Cf. idem, DGAE, n. 134.
[8] Ibidem, n. 146.
[9] Cf. ibidem, n. 160.

que conduz os fiéis a mergulhar no mistério de Deus, sem deixar o chão concreto da história de fora da oração comunitária.[10]

No que corresponde à liturgia, precisamos resgatar a centralidade do dia do domingo como Dia do Senhor, por meio da participação na missa dominical. Onde efetivamente não for possível celebrar a Eucaristia, realizam-se celebrações da Palavra de Deus, com os diáconos permanentes ou com ministros leigos devidamente formados e instituídos. Importa que a comunidade não deixe de se reunir para celebrar o Dia do Senhor.[11] Somente situações excepcionais podem justificar a ausência dos cristãos nesse momento central da vivência da fé cristã.[12] A catequese oferece oportunidade para conhecermos e refletirmos sobre o conteúdo da fé; a liturgia é a própria vivência da fé. Uma parte implica e complementa a outra. Liturgia e catequese são inseparáveis.

A comunidade eclesial também é o lugar da caridade e da luta em defesa da dignidade humana. A comunidade, casa da caridade a serviço da vida, não pode isentar-se da preocupação e responsabilidade pelos direitos humanos, sobretudo, dos necessitados.[13] A comunidade que se fecha para o sofrimento dos pobres e indefesos é uma comunidade que também se fecha ao Evangelho.

2.1 A IGREJA: CORPO DE CRISTO

O sacramento do Batismo, pelo qual somos feitos filhos de Deus, configurados a Cristo, constitui a porta de acesso a todos os

---

[10] Cf. ibidem, 162.
[11] Cf. ibidem, n. 165.
[12] Cf. ibidem, n. 164.
[13] Cf. ibidem, n. 184.

sacramentos; através dele, somos inseridos no único corpo de Cristo (1Cor 12,13), a Igreja.[14] Santo Agostinho afirma: "O que nosso espírito, ou seja, nossa alma, é para nossos membros, o mesmo é o Espírito Santo para os membros de Cristo, para o corpo de Cristo, que é a Igreja".[15]

É importante compreender bem essa dimensão eclesial do processo de iniciação. As pessoas são iniciadas no Mistério de Cristo e na vida da Igreja. Não é um curso que termina em festa de formatura. Quem é iniciado se insere na Igreja e assume os compromissos da missão a que ela se dedica.[16]

A Igreja de Cristo pode sempre cair na tentação de perder o entusiasmo, porque deixa de escutar o apelo do Senhor ao risco da fé, de dar tudo sem medir os perigos, voltando a procurar falsas seguranças mundanas. São precisamente os jovens que a podem ajudar a não cair na corrupção, não parar, não se orgulhar, não se transformar numa seita, ser mais pobre e testemunhal, estar perto dos últimos e descartados, lutar pela justiça, deixar-se interpelar com humildade. Os jovens podem conferir à Igreja a beleza da juventude, quando estimulam a capacidade de se alegrar com o que começa, de se dar sem nada exigir, de se renovar e de partir para novas conquistas.[17]

Peçamos ao Senhor que liberte a Igreja daqueles que querem envelhecê-la, ancorá-la ao passado, travá-la, torná-la imóvel. Peçamos também que a livre de outra tentação: acreditar que é atualizada porque cede a tudo o que o mundo lhe oferece, acreditar que

---

[14] Cf. SCa, n. 179.
[15] SANTO AGOSTINHO, Sermão 267, 4.
[16] Cf. CNBB, Doc. 107, n. 94.
[17] Cf. ChV, n. 37.

se renova porque esconde a sua mensagem para ser aceita pelos outros. A Igreja é atualizada quando recebe a força sempre nova da Palavra de Deus, da Eucaristia, da presença de Cristo e da força do seu Espírito em cada dia. É renovada quando consegue voltar continuamente à sua fonte,[18] isto é, ao Evangelho de Jesus.

É necessário que a Igreja não esteja demasiado debruçada sobre si mesma, mas procure sobretudo refletir Jesus Cristo. Isso implica não só reconhecer humildemente que algumas coisas concretas devem mudar e, para isso, a Igreja precisa de mais espaços onde ressoe a voz das crianças, adolescentes, jovens, mulheres e dos pobres, mas também recolher a visão e até mesmo as suas críticas.[19]

Um número consistente de jovens, por exemplo, não considera significativa a existência da Igreja, muito menos necessária. Alguns, inclusive, sentem a sua presença como importuna e até mesmo irritante. Essa situação nem sempre nasce de um desprezo acrítico e impulsivo, mas, às vezes, se fundamenta em razões sérias e respeitáveis: os escândalos sexuais e econômicos; a falta de preparação dos ministros ordenados, com pouco cuidado na preparação da homilia e na apresentação da Palavra de Deus; a falta de preparação dos catequistas e agentes de pastorais, que não valorizam os jovens, não lhes dão espaço e não aceitam suas opiniões, relegando a eles um papel passivo no seio da comunidade cristã; a dificuldade da Igreja de dar razão das suas posições doutrinais e éticas, perante a sociedade atual, marcada pelo avanço científico e tecnológico.[20]

Para ser mais crível aos olhos das novas gerações, a Igreja precisa, às vezes, recuperar a humildade e simplesmente ouvir,

---

[18] Cf. ibidem, n. 39.
[19] Cf. ibidem, n. 35.
[20] Cf. ibidem, n. 65.

reconhecer, no que os outros dizem, alguma luz que a pode ajudar a descobrir melhor o Evangelho. Uma Igreja na defensiva, que perde a humildade, que deixa de escutar, que não permite ser questionada, transforma-se num museu.[21] Os cristãos não são peças de museu, mas pedras vivas na comunidade de Jesus.

Fazer resplandecer esse rosto humilde da Igreja no mundo é papel de todo cristão, isso inclui catequistas e catequizandos, pois cada um, como Igreja, embora em situações diferentes, ao seu modo e na sua condição, é portador do Evangelho de Jesus e, portanto, membro responsável pela sua Igreja.

Não podemos cobrar e julgar a Igreja, como se estivéssemos do lado de fora, como se não pertencêssemos a ela. Somos a Igreja e, portanto, é desde dentro, do seu interior, vivendo nossa fé com ela, na comunhão fraterna, que a ajudamos a crescer na santidade e na evangelização. O isolamento nos enfraquece e nos expõe aos piores males do nosso tempo.[22]

A estreita relação entre o itinerário de Iniciação à Vida Cristã e a comunidade eclesial se manifesta em dois momentos que se complementam e se alimentam mutuamente: primeiro, a iniciação encontra na comunidade eclesial seu ambiente próprio; ela é a atmosfera na qual o discípulo missionário de Jesus nasce e se fortalece. Em segundo lugar, a comunidade é também a meta a ser atingida pela iniciação: a iniciação educa para a vida de fé na comunidade, a fortalece e renova. A comunidade é ajudada pela catequese para crescer na fé e, ao mesmo tempo, exerce a função maternal de gerar novos filhos.[23]

---

[21] Cf. ibidem, n. 41.
[22] Cf. CNBB, Doc. 107, n. 110.
[23] Cf. ibidem, n. 111.

2.2 MARIA, MÃE E MODELO DA IGREJA E DOS CRISTÃOS

Maria é o grande modelo para uma Igreja que deseja seguir a Cristo com amor e fidelidade. O "faça-se em mim" que disse ao anjo não foi uma aceitação passiva ou resignada, foi o "sim" sem rodeios de quem queria comprometer-se e arriscar-se, de quem queria apostar tudo, sem ter outra garantia a não ser a certeza da realização da promessa de Deus. O "sim" e o desejo de servir foram mais fortes do que as dúvidas e as dificuldades. Se hoje é tão comum, no mundo da internet, falar dos influenciadores de pensamentos, modas e estilos, os chamados *"influencers"*, dentro dessa mesma linha, podemos dizer que Maria é uma forte "influenciadora", porém, num outro nível, ela é a "influenciadora" de Deus, isto é, nos mostra como agir para sermos fiéis na nossa missão, colaborarmos com o projeto de amor de Deus e alcançarmos a salvação.[24]

Aquela jovenzinha que tinha os olhos iluminados pelo Espírito Santo, que contemplava a vida com fé e guardava tudo no seu coração (cf. Lc 2,19.51)[25] é, hoje, a Mãe que vela por nós, seus filhos, que muitas vezes caminhamos na vida cansados, carentes, mas desejosos de que a luz da fé e esperança não se apague.[26]

Mãe por excelência e sumamente amada, Maria é aquela que lança luz definitiva sobre o processo de Iniciação à Vida Cristã que propomos, pois, durante muitos anos, permaneceu na intimidade com o mistério do seu Filho e avançou no seu itinerário de fé.[27] Maria é modelo eclesial para a evangelização, para que a Igreja

---

[24] Cf. ChV, n. 44.
[25] Cf. ibidem, n. 46.
[26] Cf. ibidem, n. 48.
[27] Cf. ibidem, n. 113.

se transforme em uma casa para muitos, em uma mãe para todos os povos, e torne possível o nascimento de um mundo novo e de pessoas novas.[28]

Maria é Mãe da Igreja e o modelo vivo de todo o encontro pessoal e comunitário com a Palavra, que ela acolheu na fé, meditou, interiorizou e guardou no seu coração (cf. Lc 1,38; 2,19.51; At 17,11). Ela nos ensina a não sermos espectadores alheios da Palavra da vida, mas a tornar-nos ouvintes e praticantes, deixando-nos guiar pelo Espírito Santo que habita em nós. Convida todos a fazer próprias as palavras de Jesus: "Felizes os que acreditam sem ter visto" (Jo 20,29). Ela é a imagem viva do discípulo de Jesus. Ela acolhe a Palavra de Deus com fé (relato da anunciação: Lc 1,28-38); Conserva a Palavra no coração e a medita, confrontando-a com os fatos (Lc 2,19; 2,51); frutifica essa Palavra viva, sendo uma pessoa de intensa fé. "Feliz aquela que acreditou" (Lc 1,40).

Essas características marianas devem inspirar as atitudes de cada cristão, de modo que se tornem também discípulos e missionários de Cristo Jesus. Deixemo-nos, portanto, guiar pelas mãos maternais de Maria, para que ela nos leve até o seu Filho e que, com ele, vivamos numa intimidade profunda de amor e de fé que nos proporcione vida abundante e alegria plena.

2.3 SANTIDADE: META DA IGREJA E DOS CRISTÃOS

"A espiritualidade cristã se traduz na busca de santidade."[29] Cada cristão é um vocacionado à santidade. Homens e mulheres insignes por zelo e santidade são cada vez mais necessários para a

---

[28] Cf. ibidem, n. 114.
[29] CNBB, DGAE, n. 98.

Igreja e a missão. Que seja homem de Deus aquele que prega sobre Deus.[30]

A vida cristã é acima de tudo um caminho de santidade que se dá através da união à pessoa de Cristo, da abertura à luz do Espírito Santo, da vivência comunitária do amor e da fé, e do testemunho missionário em vista da construção do Reino. A catequese tem como objetivo fundamental ajudar os cristãos nesse processo de santidade.

Acolhendo o convite de Deus e o ensinamento da Igreja, a catequese deve afirmar que o chamado à santidade é universal, não exclusivo e reservado a alguns grupos ou pessoas privilegiadas. Todos, independentemente de faixa etária, condição ou serviço que assumem na Igreja e no mundo, devem viver a sua fé com espírito de santidade.

Essa mensagem catequética envolve catequistas e catequizandos. No que corresponde aos catequistas, estes não podem ser apenas transmissores de doutrinas, como se fossem "mestres" que transmitem conhecimentos alheios às suas vidas. Pelo contrário, os catequistas devem dar testemunho de santidade, na Igreja e na sociedade, como cristãos convictos e praticantes de sua fé em comunidade. No que se refere aos catequizandos, estes não devem assumir o processo de catequese apenas visando receber sacramentos, mas, sim, tendo como grande objetivo fortalecer-se espiritualmente para poder responder com coerência ao chamado de Deus à santidade, tanto na vida pessoal como na vida comunitária.

É importante que tenhamos claro que a vida cristã não é apenas a realização frequente de atos religiosos ou devocionais, mas,

---

[30] CONGREGAÇÃO PARA A EVANGELIZAÇÃO DOS POVOS. *Guia para o mês missionário extraordinário*. Brasília: CNBB, 2019, p. 20.

acima de tudo, uma resposta generosa ao chamado à santidade. Esse chamado está patente, de várias maneiras, desde as primeiras páginas da Bíblia, pois o Senhor quer-nos santos e espera que não nos resignemos com uma vida medíocre e superficial.[31]

De diversas formas, Deus nos ensina o caminho da santidade e nos estimula a ser perseverantes nesse caminho. As Sagradas Escrituras mencionam várias testemunhas que nos encorajam a "correr com perseverança a prova que nos é proposta" (Hb 12,1), fala-se de Abraão, Sara, Moisés, Gedeão e vários outros (cf. cap. 11). O coração da Igreja está cheio também de pessoas santas que deram a sua vida por Cristo, muitas delas até o martírio. Esses testemunhos constituem magníficos reflexos de Cristo que resplandecem para nos estimular e tirar fora da sonolência espiritual.[32]

Refletir sobre a vida dos santos e santas na catequese, perpassando o seu processo pessoal de busca, conversão e entrega, pode ser um importante instrumento pedagógico para demonstrarmos a praticidade de nossa fé. No entanto, precisamos deixar sempre bem claro que cada um vive a sua fé e sua santidade de formas diferentes, de acordo com a identidade, as épocas e os desafios. Portanto, os santos não existem para ser "copiados", mas para nos inspirar no seguimento de Cristo. Quando se fala em imitar os santos, não significa copiar o seu modo de ser e de viver a santidade. Cada um tem que descobrir e desenvolver o seu modo pessoal de ser santo, independentemente daquilo que digam e pensem os outros.

Uma pessoa não deve desanimar, quando contempla modelos de santidade que lhe parecem inatingíveis. O importante é que

---

[31] Cf. FRANCISCO. Exortação apostólica *Gaudete et Exsultate*, sobre o chamado à santidade no mundo atual. Brasília: CNBB, 2018, n. 1. (Documentos Pontifícios, n. 33.)

[32] Cf. ibidem, n. 51.

cada cristão discirna o seu próprio caminho e traga à luz o melhor de si mesmo, e não se esgote procurando imitar algo que não foi pensado para ele. Todos somos chamados a ser testemunhas, mas há muitas formas de testemunho.[33]

> És uma consagrada ou um consagrado? Sê santo, vivendo com alegria a tua doação. Estás casado? Sê santo, amando e cuidando do teu marido ou da tua esposa, como Cristo fez com a Igreja. És um trabalhador? Sê santo, cumprindo com honestidade e competência o teu trabalho ao serviço dos irmãos. És progenitor, avó ou avô? Sê santo, ensinando com paciência as crianças a seguirem Jesus. Estás investido em autoridade? Sê santo, lutando pelo bem comum e renunciando aos teus interesses pessoais. Quando sentires a tentação de te enredares na tua fragilidade, levanta os olhos para o Crucificado e diz-lhe: "Senhor, sou um miserável! Mas vós podeis realizar o milagre de me tornar um pouco melhor". Na Igreja, santa e formada por pecadores, encontrarás tudo o que precisas para crescer rumo à santidade. Esta santidade, a que o Senhor te chama, irá crescendo com pequenos gestos. Sob o impulso da graça divina, com muitos gestos vamos construindo aquela figura de santidade que Deus quis para nós: não como seres autossuficientes, mas "como bons administradores das várias graças de Deus" (1Pd 4,10).[34]

Normalmente, quando falamos de santidade, pensamos nos que foram reconhecidos pela Igreja através do processo de beatificação e canonização. Não pensemos apenas nesses, mas também

---

[33] Cf. ibidem, n. 11.
[34] Ibidem, n. 14.

naquelas pessoas que vivem próximas de nós, pois o Espírito Santo derrama a santidade por toda parte no santo povo de Deus.[35]

Vejamos o que nos diz o Papa Francisco:

> Gosto de ver a santidade no povo paciente de Deus: nos pais que criam os seus filhos com tanto amor, nos homens e mulheres que trabalham a fim de trazer o pão para casa, nos doentes, nas consagradas idosas que continuam a sorrir. Nesta constância de continuar a caminhar dia após dia, vejo a santidade da Igreja militante. Esta é muitas vezes a santidade "ao pé da porta", daqueles que vivem perto.[36]

A santidade na perspectiva cristã não é isolada, mas compartilhada, isto é, vivida e fortalecida através da comunhão dos irmãos, membros do povo de Deus. "Ninguém se salva sozinho, como indivíduo isolado, mas Deus atrai-nos tendo em conta a complexa rede de relações interpessoais que se estabelecem na comunidade humana".[37]

Muitos cristãos, sobretudo jovens, vivem preocupados com o seu corpo, procurando desenvolver a força física ou melhorar seu aspecto exterior. Outros se preocupam em desenvolver as suas capacidades e conhecimentos, e, assim, sentem-se mais seguros. Alguns apostam mais alto, comprometendo-se mais e procurando progredir espiritualmente. Buscar o Senhor, guardar a sua Palavra, procurar corresponder-lhe com a própria vida, crescer nas virtudes: isto torna fortes os nossos corações. Para isso, precisamos estar em sintonia com Jesus, pois não cresceremos na felicidade e santidade só com as nossas forças e a nossa mente. Assim como nós nos

---

[35] Cf. ibidem, n. 6.
[36] Cf. ibidem, n. 7.
[37] Ibidem, n. 6.

preocupamos em não perder a conexão com a internet, asseguremos de igual modo que esteja ativa a nossa ligação com o Senhor, o que significa não interromper o diálogo, escutá-lo, contar-lhe as nossas coisas e, quando não soubermos claramente o que devemos fazer, pergunta-lhe: Jesus, o que o Senhor faria no meu lugar?[38]

Os santos e beatos são modelos da ação misericordiosa ativa de quem, movido de compaixão, coloca-se em saída e vai ao encontro do outro. Os desafios de nossos tempos são novos, mas a dor humana continua a mesma que sensibilizou e continua a impactar os santos e as santas de todos os tempos, impelindo-nos a uma saída efetiva do nosso lugar em direção ao lugar onde o outro se encontra.[39]

O desafio do processo de Iniciação à Vida Cristã está, sobretudo, no modo de apresentar Jesus como alguém que vale a pena ser seguido, como um amigo fiel, próximo e compreensível, mestre e Senhor de nossa vida, mas que respeita a individualidade e a liberdade de cada um. Que ama a todos sem fazer exclusão de pessoas. Nesse contexto da busca de heróis de todos os tipos, as biografias de santos, sobretudo santos jovens, salientando o seguimento de Jesus e suas atitudes evangélicas, podem ser importantes instrumentos de abertura espiritual e reconhecimento de que a santidade é possível na vida de todos aqueles que sinceramente buscam a Deus e que, ao mesmo tempo, deixam por ele ser encontrados.[40]

Podemos chegar a ser aquilo que Deus, nosso Criador, sabe que somos, se reconhecermos o muito a que estamos chamados. Invoquemos o Espírito Santo e caminhemos confiantes para a

---

[38] Cf. ChV, n. 158.
[39] Cf. CNBB, DGAE, n. 99.
[40] Cf. idem, Doc. 107, n. 207.

grande meta: a santidade. Assim, não seremos uma fotocópia, pelo contrário, seremos plenamente nós mesmos,[41] isto é, filhos amados de Deus.

> *Para refletir*
>
> 1. Temos consciência de que somos a Igreja de Jesus?
> 2. Como podemos contribuir para a santidade da Igreja?

---

[41] Cf. ChV, n. 107.

Capítulo III
A dimensão social

Através das obras de misericórdia, da solidariedade para com os sofredores, da colaboração na construção de uma sociedade justa e pacífica e, sobretudo, com o anúncio explícito e incansável de Jesus Cristo, a Igreja manifesta ao mundo a "razão de sua esperança" (1Pd 3,15).[1] Os gestos de amor e solidariedade são eficazes para a credibilidade da experiência de fé e são notas distintivas da missão eclesial. A fé que "não se traduz em ações, por si só está morta" (Tg 2,17).[2]

3.1 QUESTÕES SOCIAIS À LUZ DA EXPERIÊNCIA DE DEUS

No processo de formação para a vida cristã, não podemos prescindir da caridade social e da promoção da justiça. Não podemos separar fé e vida. A fé precisa ter incidência direta na nossa vivência social. A CNBB, através do Documento n. 107, afirma que a dimensão da caridade, da justiça, da paz e da salvaguarda da natureza deve ser garantida no itinerário de Iniciação à Vida

---

[1] CNBB, DGAE, n. 20.
[2] Ibidem, n. 25.

Cristã, para formar cristãos comprometidos com um humanismo integral e solidário.[3]

Um dos pontos mais significativos da moral cristã é a preocupação com as questões sociais interpretadas à luz da experiência de Deus. O próprio relato da criação exerce uma função libertadora, é um escudo contra a exploração e instrumentalização do outro. Deus disse: "Façamos o homem à nossa imagem e semelhança" (Gn 1,26).[4] Aqui está a raiz da inviolável dignidade humana e a grande motivação para que cada pessoa seja respeitada, valorizada, cuidada, e nunca tratada como objeto de manipulação e comercialização.

O sistema econômico injusto, em que alguns enriqueciam explorando e comercializando pessoas, como podemos perceber nas palavras do profeta Joel: "Rifaram o meu povo, deram meninos para pagar prostitutas, deram meninas em troca de vinho para se embriagarem" (Jl 4,3), era denunciado pelos profetas, que anunciavam que essas atitudes eram completamente contrárias aos planos de Deus para o ser humano.[5] O Senhor, pelo contrário, pedia solidariedade e obras de misericórdia:

> Se houver em teu meio um necessitado entre os irmãos, em alguma de tuas cidades, na terra que o senhor teu Deus te dá, não endureças o coração nem feches a mão para o irmão pobre. Ao contrário, abre a tua mão e empresta-lhe o bastante para a necessidade que o oprime (Dt 15,7-8).

---

[3] CNBB, Doc. 107, n. 189.
[4] Cf. idem. *Campanha da Fraternidade. Fraternidade e Tráfico Humano*. Brasília: CNBB, 2014, n. 92.
[5] Cf. ibidem, n. 120.

É nessa mesma perspectiva ético-social que a prática do jejum também é interpretada. Assim denunciava o profeta Isaías:

> De que serve jejuar, se disso não vos importais? E mortificar-vos, se nisso não prestais atenção? É que no dia de vosso jejum, só cuidais de vossos negócios e constrangeis todos os vossos operários. Passais vosso jejum em disputas e altercações, ferindo com o punho o pobre... Sabeis qual é o jejum que aprecio? Diz o Senhor Deus. É romper as cadeias injustas, desatar as cordas do jugo; dar abrigo aos infelizes, mandar embora livres os oprimidos e quebrar toda espécie de jugo. É repartir o seu alimento com o esfaimado, dar abrigo aos infelizes sem asilo, vestir os maltrapilhos em lugar de desviar-se de seu semelhante. Se dás de teu pão ao faminto e se deixas a alma aflita, saciada, então resplandecerá nas trevas a tua luz e tua noite resplenderá como meio-dia (Is 58,3-11).

O Deus da criação e da aliança é fundamentalmente o Deus da libertação. Seguindo os seus ensinamentos, não podemos ser coniventes com a situação de exploração, injustiça e desumanidade que constatamos em nossa sociedade, especialmente das pessoas desprotegidas pelos sistemas econômico e político. Todos nós cristãos, de forma ética e coerente com a nossa fé, precisamos ser profetas e denunciar todo tipo de escravidão e de comercialização do ser humano, para salvaguardarmos o seu direito, a sua liberdade e sua dignidade de imagem e semelhança de Deus.

Deus se revela no Antigo Testamento como aquele que viu a miséria de seu povo e ouviu o seu clamor, descendo para libertá-lo (Ex 3,7-8) e, por isso, essa experiência libertadora se constitui o centro da fé do povo de Israel (Dt 26,5-9).[6]

---

[6] Cf. idem. *Campanha da Fraternidade 2019. Fraternidade e Políticas Públicas. Texto-base*. Brasília: CNBB, 2019, n. 117.

Vários profetas acusavam de vazia e vã uma religião sem compromisso social (cf. Am 5,21-25; Is 1,10-16; Mq 6,5-8) e anunciavam a vontade de Deus: "Quero amor e não sacrifícios" (Os 6,6). Os mesmos ensinamentos encontramos nos Evangelhos: "Ah se compreendêsseis o que significa isso: Quero misericórdia e não o sacrifício, não condenaríeis os inocentes" (Mt 12,7). Jesus apresenta que a justiça é a coisa mais importante da lei: "Ai de vós, escribas e fariseus hipócritas, que pagais o dízimo da menta, da hortelã, mas omitis as coisas mais importantes da lei: a justiça, a misericórdia e a fidelidade. Importava praticar estas coisas, mas sem omitir aquelas" (Mt 23,23-24). O Evangelho é, por excelência, uma doutrina social do amor, da fraternidade, da solidariedade e da justiça.

Para isso, temos parábolas paradigmáticas: o bom samaritano (Lc 10,30-37), a parábola dos trabalhadores da vinha (Mt 20,1-16) e a do rei e do credor (Mt 18,23-35).

O Espírito Santo quer impelir-nos a sair de nós mesmos, para abraçar os outros com o amor e procurar o seu bem. Por isso, é sempre melhor vivermos a fé juntos e expressarmos o nosso amor numa vida comunitária, partilhando com outros o nosso afeto, o nosso tempo, a nossa fé e as nossas preocupações.[7] O nosso crescimento espiritual manifesta-se, sobretudo, no amor fraterno, generoso e misericordioso.[8]

O amor fraterno multiplica a nossa capacidade de nos alegrarmos, porque nos torna capazes de rejubilar com o bem dos outros: "Alegrai-vos com os que se alegram" (Rm 12,15).[9] Às vezes, perante um mundo cheio de tanta violência e egoísmo, corremos o risco

---

[7] Cf. ChV, n. 164.
[8] Cf. ibidem, n. 163.
[9] Cf. ibidem, n. 167.

de nos fecharmos em pequenos grupos, privando-nos, assim, dos desafios da vida em sociedade, de um mundo vasto, estimulante e necessitado. Mas não nos podemos esquecer de que a nossa vocação cristã implica a vivência da caridade na família, da caridade social e da caridade política: é um compromisso concreto, nascido da fé, para a construção de uma sociedade nova, é viver no meio do mundo e da sociedade para evangelizar as suas diversas instâncias, fazer crescer a paz, a convivência, a justiça, os direitos humanos, a misericórdia, e, assim, estender o Reino de Deus no mundo.[10]

O empenho social e o contato direto com os pobres são oportunidades essenciais para descobrirmos, aprofundarmos a fé e discernirmos a nossa própria vocação.[11]

Dentro da dimensão da caridade e solidariedade, devemos nos lembrar da importância de fazermos companhia aos idosos e aos enfermos, visitarmos bairros pobres, ou sairmos juntos para ajudar os mendigos nas ruas. Com frequência, reconhecemos que, em tais atividades, o que recebemos é muito mais do que aquilo que oferecemos, porque aprendemos e amadurecemos muito quando temos a coragem de entrar em contato com o sofrimento dos outros. Além disso, nos pobres, há uma sabedoria escondida, e eles, com palavras simples, podem ajudar-nos a descobrir valores que não percebemos e que de outra forma não enxergaríamos.[12]

Também é importante participar em programas sociais que visam construir casas para os sem abrigo, bonificar áreas contaminadas, ou recolher ajudas para os mais necessitados. No entanto, seria bom que essa energia comunitária fosse aplicada não só

---

[10] Cf. ibidem, n. 168.
[11] Cf. ibidem, n. 170.
[12] Cf. ibidem, n. 171

em ações esporádicas, mas de forma estável, com objetivos claros e uma boa organização, inclusive trabalhando lado a lado com pessoas de outras Igrejas e de outras religiões.[13]

Não deixemos para outros o ser protagonista da mudança. Vençamos a apatia, dando uma resposta cristã às inquietações sociais e políticas que estão surgindo em várias partes do mundo. Sejamos construtores do futuro, trabalhemos por um mundo melhor. O cristão não pode "olhar da sacada" a vida, precisa entrar nela. Jesus não ficou na sacada, ele mergulhou... Mergulhemos na vida, como fez Jesus, lutemos pelo bem comum, sejamos servidores dos pobres, sejamos protagonistas da revolução da caridade e do serviço, capazes de resistir às patologias do individualismo consumista e superficial.[14]

Incentivar o compromisso social dos cristãos é uma das grandes tarefas da catequese. Uma catequese que não se empenhe em formar o ser humano para agir socialmente com solidariedade, misericórdia e compaixão, não proporciona um verdadeiro encontro com Cristo, pois o Senhor quis se identificar com os pobres e pequeninos deste mundo. "Tive fome e me destes de comer; tive sede e me destes de beber; era peregrino e me acolhestes; nu e me vestistes; enfermo e me visitastes; estava na prisão e viestes a mim [...]. Todas as vezes que fizestes isso a um destes meus irmãos mais pequeninos, foi a mim mesmo que o fizestes" (Mt 25,35-36.40).

---

[13] Cf. ibidem, n. 172.
[14] Cf. ibidem, n. 174.

3.2 A DOUTRINA SOCIAL DA IGREJA

Para esse agir social, a própria Igreja nos oferece as orientações através de sua Doutrina Social, isto é, o conjunto dos ensinamentos da Igreja, iluminado pelo Evangelho, que orienta os cristãos para o seu compromisso e a sua ação na vida social. Desde a Iniciação à Vida Cristã, é necessário desenvolver a formação dos fiéis quanto ao que contém o Compêndio de Doutrina Social da Igreja, para que se percebam as consequências culturais e sociais da fé cristã.[15]

A Doutrina Social da Igreja é um precioso tesouro porque oferece critérios e valores, respostas e rumos para as necessidades, as perguntas e os questionamentos da ordem social, em vista do bem comum.[16] Fundamentada nas Escrituras, nos santos padres, nas encíclicas sociais do Magistério pontifício, no testemunho dos santos e santas, no Concílio Vaticano II e, na América Latina, nas Conferências de Medellín, Puebla, Santo Domingo, Aparecida, ilumina a dimensão social da fé e a implantação do Reino na sociedade.

No mundo atual, apesar do aparente progresso, muitas vidas ainda estão sujeitas ao sofrimento e à manipulação. Ao mesmo tempo, vemos como certa publicidade ensina as pessoas a estarem sempre insatisfeitas, contribuindo, assim, para a cultura do descarte, em que especialmente jovens e mulheres acabam transformados em objetos.[17]

Numerosos, também, são os jovens que, por constrangimento ou falta de alternativas, vivem no mundo do crime e da violência:

---

[15] CNBB, Doc. 107, n. 188.

[16] Cf. idem. *Cristãos leigos e leigas na Igreja e na sociedade*. Brasília: CNBB, 2016, n. 237. (Documentos da CNBB, n. 105.)

[17] Cf. ChV, n. 71.

são crianças-soldado, participam de gangues armadas e criminosas, do tráfico de droga, do terrorismo etc. Essa violência destroça muitas vidas jovens, levando-as à prisão ou à morte.[18]

Lembramos a difícil situação de meninas adolescentes e jovens que ficam grávidas e praticam o aborto, bem como a propagação do HIV, as várias formas de dependência (drogas, jogos de azar, pornografia etc.) e a situação dos meninos e adolescentes de rua que carecem de casa, família e recursos econômicos.[19]

Não podemos ser uma Igreja que não chora à vista desses e de tantos outros dramas dos seus filhos. Não devemos jamais nos habituar a isso. É necessário chorar para que a própria sociedade seja mais mãe, a fim de que, em vez de matar, aprenda a dar à luz, de modo que seja promessa de vida. A pior coisa que podemos fazer é aplicar a receita do espírito mundano, que consiste em anestesiar as pessoas com outras notícias, com outras distrações e banalidades.[20]

> Certas realidades da vida só se veem com os olhos limpos pelas lágrimas. Convido cada um de vós a perguntar-se: Aprendi eu a chorar, quando vejo uma criança faminta, uma criança drogada pela estrada, uma criança sem casa, uma criança abandonada, uma criança abusada, uma criança usada como escravo pela sociedade? Ou o meu não passa do pranto caprichoso de quem chora porque quereria ter mais alguma coisa? [...] A misericórdia e a compaixão também se manifestam chorando. Se o pranto não te vem, pede ao Senhor que te conceda derramar lágrimas pelo sofrimento dos outros. Quando souberes chorar, então serás capaz de fazer algo, do fundo do coração, pelos outros.[21]

---

[18] Cf. ibidem, n. 72.
[19] Cf. ibidem, n. 74.
[20] Cf. ibidem, n. 75.
[21] Ibidem, n. 76.

A fé não nos permite esquecer os sofrimentos do mundo, pelo contrário, nos sensibiliza para enfrentá-los de forma fraterna e solidária. O sofrimento recorda-nos que o serviço da fé ao bem comum é sempre serviço de esperança, o qual nos faz olhar adiante, sabendo que só a partir de Deus, da força que vem de Jesus ressuscitado, é que a nossa sociedade pode encontrar alicerces sólidos e duradouros.[22]

As instituições são muito importantes e indispensáveis nesse processo de libertação e compaixão perante as lutas sociais da humanidade. Temos muitas instituições não governamentais e obras sociais conduzidas pela Igreja ajudando as pessoas na superação dos males sociais: abandono, fome, analfabetismo etc. No entanto, nenhuma instituição pode substituir o amor e as iniciativas solidárias individuais, quando se trata de ir ao encontro do sofrimento de outrem. Isso é válido no que se refere aos sofrimentos físicos; mas é mais válido ainda quando se trata dos múltiplos sofrimentos morais e, sobretudo, quando é a alma que está moribunda. Cristo ensinou a fazer o bem sem esperar nenhuma retribuição: "Que a sua mão esquerda não saiba o que faz a sua mão direita" (Mt 6,2). E ainda, "quando deres um jantar ou um almoço, não convides teus amigos, parentes, ou vizinhos ricos, que possam te retribuir, pois ali já estará a sua recompensa. Convide os pobres, os coxos, os paralíticos, os cegos. Então serás feliz, porque eles não te podem retribuir" (Lc 14,12-14).

A Iniciação à Vida Cristã supõe, na Igreja, a coragem de sair de si para ir às periferias existenciais, ao encontro dos pobres e dos que sofrem com as diversas formas de conflitos, carências e

---

[22] Cf. PAPA FRANCISCO. Carta encíclica *Lumem Fidei*, sobre a fé. Brasília: CNBB, 2013, p. 57.

injustiças,[23] tudo isso com gratuidade, baseando-se na única certeza, a recompensa divina.

Um cristão, consciente de sua fé, não pode ser indiferente ou neutro diante dos desafios sociais do mundo.

> Não existe sofrimento estranho. Onde não se pode fazer nada, compartilha-se o sofrimento. Assim, a solidarização torna-se um desejo – ou ainda uma esperança – abastecido pela fraternidade que presumidamente existe em todo ser humano. Onde quer que exista sofrimento, cada um de nós está relacionado com ele. Os que sofrem estão umbilicalmente relacionados com os que não sofrem, não sendo separáveis uns dos outros, pois a dor não escolhe entre amigos e inimigos. Não existe sofrimento estranho. Afeta a todos. Somos copartícipes dele. [...] O sofrimento não admite neutralidade.[24]

Deus está sempre presente, chorando com o que chora, e quer que nós também estejamos onde o sofrimento se manifesta. Deus quer que sejamos solidários no amor e companheiros na dor. Se conseguirmos ajudar uma pessoa a viver melhor, isso já justifica o dom da nossa vida.[25] Alegremo-nos, portanto, com o que estão alegres, choremos com os que choram e comprometamo-nos na construção de um mundo novo, lado a lado com os outros. Mas não como obrigação nem como um peso que nos desgasta, e sim como uma opção pessoal que nos enche de alegria, por corresponder à nossa identidade e à nossa vocação no mundo.[26]

---

[23] CNBB, Doc. 107, n. 220.
[24] ROSSI, Luiz Alexandre Solano. *Como ler o livro das lamentações. Não existe sofrimento estranho.* São Paulo: Paulus, 1999, p. 14.
[25] Cf. EG, n. 273.
[26] Cf. ibidem, n. 269.

A CNBB, através do Documento n. 105: "Cristãos leigos e leigas na Igreja e na sociedade", nos apresenta pistas concretas para a ação social. Cada cristão pode testemunhar o Evangelho em meio aos desafios sociais:

a) pelo testemunho, sendo uma presença que anuncia Jesus Cristo, em cada lugar e situação onde se encontra, a começar pela família;

b) pela ética e competência na própria atividade profissional, contribuindo, assim, para a construção de um mundo justo e solidário;

c) pelos serviços, pastorais, ministérios da Igreja, através dos quais ela se faz presente no mundo;

d) pelos meios de organização e atuação na vida cultural e política, contribuindo para a transformação da sociedade.[27]

Para isso, a própria CNBB nos orienta a fazer um correto discernimento, isto é, distinguir:

a) a *pluralidade*, que respeita as diferenças do *relativismo* que conduz à indiferença;

b) a *secularidade*, que valoriza as conquistas humanas e a liberdade religiosa, do *secularismo* que considera Deus como desnecessário;

c) os *benefícios da tecnologia* da *dependência* de aparelhos eletrônicos;

d) o *uso das redes sociais*, como expressão de relações humanas, da total *dependência da comunicação virtual* que dispensa a relação pessoal;

---

[27] Cf. CNBB, Doc. 105, n. 244.

e) o *consumo dos bens necessários* à subsistência da *busca desordenada de satisfação*;

f) o *uso do dinheiro* para a justa aquisição de bens que garantam a vida digna da *idolatria do dinheiro;*

g) a *autonomia* e a liberdade do *isolamento* individualista;

h) os valores e as *instituições tradicionais* do *tradicionalismo* que se nega a dialogar com o mundo;

i) a *vivência comunitária,* que possibilita a relação do indivíduo com o outro, do *comunismo sectário* que isola o grupo do mundo.[28]

Todas a instâncias da sociedade devem ser objeto de cuidado e atenção para aqueles que seguem Jesus e interpretam os sinais dos tempos à luz do Evangelho. Nesse sentido, o cuidado para com a vida deve ser elemento prioritário do itinerário da Iniciação à Vida Cristã. A vida humana e tudo que dela decorre e com ela colabora, precisa ser objeto de nossa atenção e do nosso cuidado: desde o nascituro até o idoso.[29] O amor fraterno deve abarcar a todos, sem preferências e exclusões.

Um dos desafios da catequese nos tempos atuais é a acolhida fraterna e o acompanhamento de pessoas com deficiências. A CNBB, através do Documento n. 107, assim nos aconselha: para acolher uma pessoa com deficiência, é necessário escutar a própria pessoa, procurando saber como ela habitualmente realiza suas atividades na vida diária, em casa, na escola e em outros ambientes. Caso haja, na comunidade, alguém da área da educação especial ou psicopedagogia, isso será de grande ajuda.[30] O que não deve ocorrer é a formação de grupos apenas com pessoas com deficiência,

---

[28] Cf. idem, Doc. 105, n. 80.
[29] Cf. idem, DGAE, n. 171.
[30] Cf. idem, Doc. 105, n. 214.

pois o melhor para elas e para a comunidade é estarem incluídas nos grupos existentes.[31]

O processo de Iniciação à Vida Cristã visa proporcionar uma fé autêntica e madura para aqueles que o procuram. Nesse aspecto, afirma o Papa Francisco: "uma fé autêntica nunca é cômoda nem individualista, comporta sempre um profundo desejo de mudar o mundo, transmitir valores, deixar a terra um pouco melhor, depois da nossa passagem por ela."[32]

3.3 A FAMÍLIA: ALICERCE DA SOCIEDADE E DA VIDA CRISTÃ

"As famílias constituem-se como sujeito fundamental da ação missionária da Igreja, lugar de iniciação à vida cristã."[33] A família é onde se aprende a rezar, a viver os valores da fé.[34]

Já faz alguns séculos que o mundo vem sendo atingido por processos sociais e culturais que acentuam mais a dimensão individual da existência. A forte acentuação na individualidade traz como consequência o enfraquecimento das instituições e das tradições.[35] Dentre as instituições, preocupa-nos, de modo especial, a fragilização da família, pois já não se trata apenas de reconhecer que existem dificuldades, mas de lidar com uma mentalidade que afirma claramente ser a família uma realidade ultrapassada.[36]

---

[31] Cf. ibidem, n. 215.
[32] EG, n. 183.
[33] CNBB, DGAE, n. 140.
[34] Cf. idem, Doc. 105, n. 199.
[35] Cf. DAp, n. 39.
[36] Cf. CNBB, DGAE, n. 53.

Em muitos contextos se difunde largamente a prática da convivência que precede o matrimônio e, também, a prática de convivências que não visam ao vínculo familiar institucional, de modo que o sentido de exclusividade, indissolubilidade e abertura à vida acaba por ser considerado uma proposta antiquada, sem nenhuma validade para os tempos atuais. Embora seja legítimo e justo rejeitar velhas formas de família, chamadas "tradicionais", caracterizadas pelo autoritarismo e, inclusive, pela violência, todavia, isso não deveria levar ao desprezo do Matrimônio, muito menos da família, mas sim à redescoberta do seu verdadeiro sentido, como um espaço de paz, liberdade e amor. De fato, a força da família reside essencialmente na sua capacidade de amar e ensinar a amar. Desse modo, por mais ferida que possa estar uma família, ela pode sempre crescer a partir do amor.[37]

"A família é a primeira escola dos valores humanos, onde se aprende o bom uso da liberdade."[38] No entanto, alguns adolescentes e jovens veem as tradições familiares como opressivas, e abandonam-nas sob a pressão de uma cultura globalizada, que, às vezes, os deixa sem pontos de referência. Por vezes, os pais não procuram ou não conseguem transmitir os valores basilares da existência, ou, então, assumem estilos próprios dos jovens, transtornando o relacionamento entre as gerações. Assim, a relação entre jovens e adultos, filhos e pais, corre o risco de se deter no plano afetivo, da mera amizade, sem tocar a dimensão educativa e cultural. Isso provoca um dano aos jovens, como também dificulta a transmissão da fé.[39]

---

[37] Cf. FRANCISCO. Exortação apostólica *Amoris Laetitia*, sobre o amor na família. Brasília: CNBB, 2016, n. 53. (Documentos Pontifícios, n. 24.)
[38] Ibidem, n. 274.
[39] Cf. ChV, n. 80.

Na época atual, em que reina a ansiedade e a pressa tecnológica, uma tarefa importantíssima das famílias é educar para a capacidade de esperar. Quando as pessoas não são educadas para aceitar que algumas coisas devem esperar, elas tornam-se prepotentes, submetem tudo à satisfação das suas necessidades imediatas e crescem com o vício do "tudo e rápido". Esse é um grande engano que não favorece a liberdade; antes, intoxica-a.[40]

A catequese precisa sempre ressaltar a importância da família no processo da Iniciação à Vida Cristã. No entanto, é preciso levar em consideração a pluralidade das situações concretas nas quais vivem as pessoas e os novos arranjos familiares. Todos necessitam de um olhar fraterno e compreensível. Na ótica da fé e do amor, não pode haver exclusão. O caminho da Igreja é o de não condenar eternamente ninguém; mas de derramar a misericórdia de Deus sobre todas as pessoas que a pedem de coração sincero, porque a caridade verdadeira é sempre imerecida, incondicional e gratuita.[41]

Nesse corpo de Cristo, que é a Igreja, há espaço para todos, de acordo com a situação específica de cada um. É aqui que entra a colaboração, de extrema importância, da catequese na vida da família, ao acompanhá-la em situações difíceis e indesejáveis, visando a um amadurecimento integral da pessoa.

É o acompanhamento próximo, fraterno e misericordioso da comunidade nas duras situações, que pode levar as pessoas a reconhecerem a importância da mensagem cristã nas suas vidas e, até mesmo, a reencontrarem o sentido do amor e da alegria ofuscado pelo sofrimento.

---

[40] Cf. AL, n. 275.
[41] PAPA FRANCISCO. Homilia na Eucaristia celebrada com os novos cardeais (15 de fevereiro de 2015). *AAS* 107 (2015), n. 257.

Embora direcionada especialmente aos jovens, a orientação do Papa Francisco certamente estimula todos os cristãos a deixarem de lado os sentimentos superficiais e a valorizarem os verdadeiros valores familiares. Segundo o pontífice, não podemos promover uma vida superficial, que confunda beleza com aparência. Precisamos descobrir que há beleza no trabalhador que regressa a casa surrado e desalinhado, mas com a alegria de ter ganho o pão para os seus filhos. Há uma beleza estupenda na comunhão da família reunida ao redor da mesa e no pão partilhado com generosidade, ainda que a mesa seja muito pobre. Há beleza na esposa mal penteada e já um pouco idosa, que continua a cuidar do seu marido doente, para além das suas forças e da própria saúde. Há beleza na fidelidade dos casais que se amam no outono da vida, naqueles velhinhos que caminham de mãos dadas. Há beleza para além da aparência ou da estética imposta pela moda, em cada homem e cada mulher que vive com amor a sua vocação pessoal, no serviço desinteressado à comunidade, à pátria, no trabalho generoso para o bem da felicidade da família. Descobrir, mostrar e realçar essa beleza, que lembra a de Cristo na cruz, é colocar as bases da verdadeira solidariedade social e da cultura do encontro.[42]

O Papa Francisco também recomenda uma união e um recíproco respeito entre as novas e as antigas gerações. Nesse ponto, o pontífice chama a atenção para a importância da memória do passado, o que, no contexto acelerado em que vivemos, nem sempre se dá a devida consideração. De fato, muitos jovens tendem muitas vezes a prestar pouca atenção à memória do passado de onde provêm, especialmente nos inúmeros dons que lhes foram

---

[42] Cf. ChV, n. 183.

transmitidos pelos pais, pelos avós, pela bagagem cultural da sociedade onde vivem.[43]

A Palavra de Deus nos orienta para que não percamos o contato com os idosos, mas, pelo contrário, saibamos reconhecer e aprender com a sua experiência. Seja como for, os longos anos que viveram e tudo o que passaram na vida devem levar-nos a olhá-los com respeito e admiração,[44] conforme nos ensina a Palavra de Deus: "Ouve o pai, que te gerou, e não desprezes a tua mãe quando for velha" (Pr 23,22). O preceito de honrar pai e mãe é o primeiro mandamento com uma promessa (Ef 6,2; cf. Ex 20,12; Dt 5,16; Lv 19,3), isto é, aos que cumprem esse mandamento, o Senhor lhes promete "felicidade e longa vida sobre a terra" (Ef 6,3).[45]

Isso não significa que tenhamos de estar de acordo com tudo o que eles dizem, nem que devemos aprovar todas as suas ações. O espírito crítico entre as gerações é importante, e ajuda ambas as partes a avaliar e corrigir seus erros. No entanto, devemos reconhecer que "uma sabedoria que se comunica de geração em geração, não precisa desaparecer perante as novidades do consumo e do mercado".[46]

É mentira a ideia de que só o novo é bom e belo. Cada geração tem sua própria beleza, com também seus pecados. Se caminharmos juntos, crianças, jovens, adultos e idosos, poderemos visitar o passado, para aprender da história e curar as feridas que às vezes nos condicionam; visitar o futuro, para alimentar o entusiasmo, fazer germinar os sonhos e florescer as esperanças. Assim unidos,

---

[43] Cf. ibidem, n. 187.
[44] Cf. ibidem, n. 188.
[45] Cf. ibidem, n. 189.
[46] Cf. ibidem, n. 190.

poderemos aprender uns com os outros, acalentar os corações, inspirar as nossas mentes com a luz do Evangelho e dar nova força às nossas mãos.[47]

Não nos deixemos extraviar nem pela mentalidade de alguns jovens que pensam que os adultos são um passado que já não conta, que já está superado, nem pela mentalidade de alguns adultos que julgam saber sempre mais que as novas gerações, a ponto de julgar seus comportamentos. O melhor é subirmos todos na mesma "canoa", a barca de Jesus, e juntos remarmos à procura de um mundo melhor, sob o impulso sempre novo do Espírito Santo.[48]

3.4 VIDA CRISTÃ E ECOLOGIA

Se as conquistas tecnocientíficas são inegáveis, os perigos de devastação do planeta, da violência, das rivalidades entre interesses geram violência, e não podem ser negligenciados e banalizados.[49] É urgente, sobretudo para os cristãos, a adoção de um novo estilo de vida pessoal, familiar e em sociedade, com sobriedade e cuidado com o meio ambiente, como um sinal concreto de seu compromisso com a obra da criação. A Iniciação à Vida Cristã deve suscitar uma educação ambiental que leve em conta o desígnio do Criador, do qual uma ética ecológica recebe o seu sentido mais profundo.[50]

No centro da preocupação da Igreja com a situação ambiental, está a chamada de atenção para que mudemos nosso estilo de vida, que realizemos uma verdadeira conversão ecológica. O beato

---

[47] Cf. ibidem, n. 199.
[48] Cf. ibidem, n. 201.
[49] CNBB, DGAE, n. 61.
[50] Cf. idem, Doc. 107, 189.

Papa Paulo VI referiu-se à problemática ecológica, apresentando-a como uma consequência dramática da atividade descontrolada do ser humano. Dirigindo-se à FAO (Organização das Nações Unidas para Alimentação e Agricultura), falou da possibilidade de uma catástrofe ecológica, sob o efeito da explosão da civilização industrial, sublinhando a necessidade urgente de uma mudança radical no comportamento da humanidade, porque os progressos científicos mais extraordinários, as invenções técnicas mais assombrosas, o desenvolvimento econômico mais prodigioso, se não estiverem unidos a um progresso social e moral, voltam-se necessariamente contra o homem.[51]

São João Paulo II, na sua primeira encíclica, advertiu que o ser humano parece não se dar conta de outros significados do seu ambiente natural, para além daqueles que servem para os fins de consumo imediato.[52] Mais tarde, convidou a todos para uma *conversão* ecológica global.[53]

Diante dessa triste situação, nós, cristãos, somos chamados a denunciar tudo aquilo que não corresponde a um desenvolvimento verdadeiramente integral. Pois o ambiente natural não é apenas matéria da qual dispor a nosso bel-prazer, de forma arbitrária, mas obra admirável do Criador, cuja administração e cuidado o Senhor nos confiou.[54] O Papa emérito Bento XVI, no entanto, nos alertava

---

[51] Cf. PAULO VI. Discurso à FAO, no seu XXV aniversário (16 de novembro de 1970), 4: *AAS* 62 (1970), 833; *L'Osservatore Romano* (ed. portuguesa de 22/XI/1970), n. 6.

[52] Cf. JOÃO PAULO II. Carta encíclica *Redemptor hominis* (4 de março de 1979), 15. *AAS* 71 (1979), n. 287.

[53] Cf. idem. *Catequese* (17 de janeiro de 2001), 4: *Insegnamenti* 24/1 (2001), 179; *L'Osservatore Romano* (ed. portuguesa de 20/I/2001), n. 8.

[54] Cf. BENTO XVI. Carta encíclica *Caritas in Veritate*, sobre o desenvolvimento humano integral da caridade na verdade. São Paulo: Paulinas, 2009, n. 48.

que carecemos de uma ecologia humana, e é aí que está a raiz da nossa dificuldade em assumir atitudes concretas, em vista de uma ecologia ambiental.[55]

O Papa Francisco também nos chamou à responsabilidade para com a nossa *casa comum*. Segundo o pontífice, a terra, nossa casa, parece transformar-se cada vez mais num imenso depósito de lixo.[56] É urgente passarmos da cultura do consumismo exagerado e do fácil descarte, para a cultura do cuidado e da responsabilidade pelo meio ambiente como a nossa casa comum. De fato, a criação "chora e geme, como em dores de parto, esperando a redenção". Para essa redenção, faz-se necessário unir todas as forças, todos os âmbitos educativos, dentre eles, os órgãos públicos, a escola, a família, os meios de comunicação e a Igreja. Nós, cristãos, não podemos isentar-nos dessa luta. Também precisamos ser profetas no âmbito ecológico.

Proporcionar um verdadeiro encontro com o Senhor é o grande objetivo da catequese. Esse encontro deve atingir todas as dimensões do ser humano, inclusive o âmbito ecológico. Portanto, a catequese, para iniciar a pessoa na vida de Cristo de forma integral, não pode prescindir da formação ecológica como orientação para o cuidado e a responsabilidade para com o meio ambiente. "A consciência da gravidade da crise cultural e ecológica precisa traduzir-se em novos hábitos".[57] "Somente contemplando o mundo com os olhos de Deus, é possível perceber e acolher o grito que emerge das várias faces da pobreza e agonia da criação."[58]

---

[55] Cf. ibid., n. 51.
[56] Cf. FRANCISCO. Carta encíclica *Laudato Sí*, sobre o cuidado da casa comum. São Paulo: Paulus/Loyola, 2015, nn. 20-21. (Documentos do Magistério.)
[57] Ibidem, n. 209.
[58] CNBB, DGAE, n. 102.

Para refletir

1. Qual a importância da nossa fé para a vida pessoal e social?

2. Como o Evangelho pode contribuir para a superação dos desafios da sociedade, tais como a pobreza, desigualdade, violência etc.?

Capítulo IV
As dimensões afetiva e sexual

A sexualidade é uma componente fundamental da personalidade, um modo de ser, de se manifestar, de se comunicar com os outros, de sentir, de expressar e de viver o amor humano. Ela é parte integrante do desenvolvimento da personalidade e do seu processo educativo, caracterizando o homem e a mulher não somente no plano físico, como também no psicológico e espiritual, marcando toda a sua expressão. Deve ser orientada, elevada e integrada pelo amor, que é o único a torná-la verdadeiramente humana.[1]

4.1 SEXUALIDADE E AFETIVIDADE

Neste contexto em que vivemos, a lei máxima de comportamento, no âmbito afetivo e sexual, parece ser o prazer acima de tudo e a qualquer preço. A partir dessa ótica, o outro vale enquanto objeto de prazer sexual, e cada um pensa na própria satisfação. A pornografia, as revistas, os vídeos, a internet, converteram-se num

---

[1] Cf. SAGRADA CONGREGAÇÃO PARA A EDUCAÇÃO CATÓLICA. Orientações educativas sobre o amor humano. Linhas gerais para uma educação sexual (Roma, 1 de novembro de 1983). *EV* 9, 417-530, nn. 4-6.

grande negócio, pelo qual se exploram as mais variadas paixões ligadas aos instintos humanos. Acerca disso, diz João Batista Libanio: "Essa juventude pós-moderna é fruitiva. Estabelece o dogma principal do prazer em torno do qual erige os cultos, os ritos, os símbolos. E busca um prazer em curto prazo, imediato, presente",[2] onde não há vínculos ou compromissos. Mas esse tipo de relação não colabora para o amadurecimento da personalidade.

Não é um desafio fácil pensar e desenvolver adequadamente uma educação sexual a partir da luz da fé. No entanto, para enfrentarmos esse desafio, temos que pensar numa séria educação para o amor, para a doação mútua, só assim a linguagem da sexualidade não acabará tristemente empobrecida, mas esclarecida.[3] "É preciso não enganar os jovens, levando-os a confundir os planos: a atração cria, por um momento, a ilusão da 'união', mas, sem amor, tal união deixa os desconhecidos tão separados como antes."[4]

A sexualidade não é um recurso para compensar ou entreter, mas uma linguagem interpessoal onde o outro deve ser respeitado com o seu valor sagrado e inviolável.[5] "Quanto mais íntimo e profundo for o amor, tanto mais exigirá o respeito pela liberdade e a capacidade de esperar que o outro abra a porta do seu coração."[6] O amor implica contemplar e apreciar o que é belo e sagrado de cada pessoa, sem querer usá-la apenas para suprir as minhas necessidades.[7]

---

[2] LIBANIO, João Batista. *Jovens em tempo de pós-modernidade: considerações socioculturais e pastorais*. São Paulo: Loyola, 2004, p. 104.
[3] Cf. AL, n. 280.
[4] Ibidem, nn. 283-284.
[5] Cf. ibidem, n. 151.
[6] Ibidem, n. 99.
[7] Cf. ibidem, n. 140.

A sexualidade humana, para ser efetivamente humana, e não um simples ato instintivo, precisa assumir a linguagem do amor, do carinho, do respeito, da doação recíproca e da ternura. É essa a linguagem que a catequese necessita utilizar e resgatar na consciência das pessoas, diante das diferentes concepções de sexualidade do mundo moderno, nestes tempos de relações frenéticas e superficiais.[8]

O Itinerário da Iniciação à Vida Cristã deve auxiliar os cristãos, sobretudo os jovens, a lidarem com esse bombardeio de mensagens que o mundo atual lhes oferece, que não lhes proporcionam o adequado amadurecimento. É preciso ajudá-los, portanto, a identificarem as influências positivas e, ao mesmo tempo, a se afastarem de tudo o que desfigura a sua capacidade de amar. Por isso, um dos grandes desafios da catequese, no que se refere ao mundo atual, é a busca de diálogo consciente, do equilíbrio de comportamentos e avaliações, em que pontos outrora relevantes podem ser criticados, reformulados ou recriados. Contudo, que não caiamos no mero hedonismo, na permissividade, no relativismo e numa exaltação errônea da liberdade, onde, contraditoriamente, acontece a escravidão do desejo e dos impulsos.

Seguindo a orientação do Papa Francisco, faz-se necessário reconhecer que "ser jovem não significa apenas procurar prazeres transitórios e sucessos superficiais. Para a juventude desempenhar a finalidade que lhe cabe no curso da vida, deve ser um tempo de doação generosa, de oferta sincera, de sacrifícios que custam, mas tornam-nos fecundos".[9]

---

[8] Cf. ibidem, n. 28.
[9] ChV, n. 108.

Refletir sobre a sexualidade, numa perspectiva pastoral e catequética, obviamente, não significa dizer, sobretudo aos jovens, "o que podem" e "o que não podem", "o que devem" ou "o que não devem". O mundo em que vivemos clama por reflexão e por pessoas que não cumpram regras apenas porque outros dizem que é bom, que é bonito ou importante, mas que elas mesmas interiorizem e percebam o sentido em suas próprias vidas, e, por isso, assumam a experiência. Sendo assim, muito mais que ditar normas, repetir preceitos, é preciso ressaltar o papel propositivo e vocacional da moral católica no âmbito da sexualidade e mostrar que é possível viver toda a beleza da sexualidade, sem renunciar jamais à beleza do Evangelho como orientação para a felicidade e a paz.

Uma das dificuldades da nossa sociedade é estabelecer uma justa relação entre corpo e sexualidade. Segundo o Papa Francisco, o corpo e a sexualidade são essenciais para a vida e para o crescimento da nossa identidade. Mas, num mundo que destaca excessivamente a sexualidade, é difícil manter uma boa relação com o próprio corpo e viver serenamente as relações afetivas. Por essa e outras razões, a moral sexual é frequentemente causa de incompreensão e alheamento da Igreja, pois é sentida como um espaço de julgamento e condenação.[10]

A sociedade atual valoriza muito o corpo saudável e bonito. Para conseguir um corpo definido, segundo os padrões estéticos da pós-modernidade, alguns buscam cirurgias e produtos químicos duvidosos, causando sérios prejuízos à própria saúde. Contudo, a valorização do corpo não se pode reduzir somente ao estético. Não podemos classificar as pessoas segundo um padrão de beleza estabelecido pela mídia. Somos um corpo com inteligência, vontade,

---

[10] Cf. ibidem, n. 81.

sentimentos, afetos e atração. Numa palavra: somos um corpo animado e uma alma encarnada. Não é só aparência que conta. Nosso corpo deve refletir o nosso interior, pois ele é realmente uma bela obra de Deus, e tem necessidade de uma alma igualmente sadia que mostre sua grandeza. É nesse sentido que a Bíblia diz que o corpo é a casa, o templo do Espírito Santo (cf. 1Cor 6,19).[11]

O homem é solicitado a responder ao chamado evangélico na sua totalidade, incluindo a dimensão corporal. Porém, deve fazer com que todos os dinamismos corpóreos: desejos, instintos, pulsões, sejam integrados harmoniosamente no projeto da pessoa e orientados a participar daquela plenitude humana e daquela harmonia de que Cristo nos restituiu. De fato, o corpo humano é algo mais que um conjunto anatômico de células vivas.[12] O corpo é mais do que biologia: é uma realidade onde se implantam as sementes de eternidade e se manifestam os sinais do Reino.[13]

Todo cristão, diante do contexto atual, deve assumir algumas posturas proféticas no âmbito da sexualidade:

a) denunciar toda comercialização e banalização da sexualidade que faz das pessoas objetos descartáveis;

b) combater o reducionismo da sexualidade humana ao nível genital, isto é, ao *sexo* e ao mero prazer. Uma autêntica vivência da sexualidade implica amor, comunhão e doação. Tudo isso deve ser assumido com profunda alegria e intenso prazer.

---

[11] Cf. LELO, Antônio Francisco. *Projeto jovem. Para grupos de perseverança. Livro do perseverante.* 3. ed. São Paulo: Paulinas, 2012, pp. 86-87. (Col. Água e espírito.)

[12] Cf. AZPITARTE, Eduardo López. *Ética da sexualidade e do matrimônio.* São Paulo: Paulus, 1997, p. 49.

[13] MOSER, Antônio. *O enigma da esfinge. A sexualidade.* 3. ed. Petrópolis: Vozes, 2002, pp. 69-70.

c) combater a violência sexual em suas variadas formas: estupro e outros abusos sexuais. A energia sexual foi criada para ser um impulso de amor e comunhão, não um instrumento de manipulação e violência.

d) ressaltar a importância das virtudes, dentre elas, a virtude da *castidade*, tão esquecida no mundo de hoje. No entanto, o melhor caminho para alcançar a castidade não é a preocupação excessiva com o pecado, muito menos a consideração da sexualidade como algo sujo e diabólico. Indispensável para esse amadurecimento é a aceitação da sexualidade como dom precioso de Deus que deve ser acolhido e vivido com amor, respeito e alegria.

4.2 PEDOFILIA E ABUSOS SEXUAIS

Uma das preocupações mais sérias da Igreja, no momento, é com os abusos sexuais, sobretudo, os cometidos pela própria liderança da Igreja, bispos, sacerdotes, religiosos e leigos. Segundo o Papa Francisco, "estes pecados provocam nas suas vítimas sofrimentos que podem durar a vida inteira e aos quais nenhum arrependimento é capaz de pôr remédio".[14]

Abusos sexuais contra menores é um fenômeno historicamente difuso, infelizmente, em todas as culturas e sociedades, especialmente dentro das próprias famílias e em várias instituições. Mas a universalidade de tal flagelo não diminui a sua monstruosidade dentro da Igreja.[15] Pelo contrário, torna-se ainda mais escandaloso, quando verifico esse tipo de situação em ambientes onde as

---

[14] ChV, n. 95.
[15] Cf. ibidem, n. 96.

crianças deveriam ser protegidas, particularmente nas comunidades e instituições cristãs.[16]

No entanto, precisamos enfatizar que os sacerdotes que caíram nesses crimes não constituem a maioria; esta mantém um ministério fiel e generoso.[17] Merece reconhecimento especial o compromisso sincero de inumeráveis leigas e leigos, sacerdotes, consagrados, consagradas e bispos que diariamente se consomem, honesta e dedicadamente, a serviço de crianças, adolescentes e jovens, levando-os ao encontro alegre com Cristo.[18]

A família deveria ser lugar de amor, respeito e paz, mas infelizmente nem sempre é assim. Muitas vezes, a própria casa se torna um terreno fértil para diversas formas de agressividade social. As famílias que influenciam nessa direção são aquelas em que há uma comunicação deficiente; os seus membros não se apoiam entre si; onde as relações com os pais costumam ser conflituosas e violentas e as relações pais-filhos se caracterizam por atitudes hostis. A violência no seio da família é escola de ressentimento, ódio e abusos.[19]

Quando acontecem abusos, as vítimas devem ser acolhidas, ouvidas e socorridas em suas necessidades materiais, afetiva e profissional. Normalmente elas carregam traumas por toda vida. Por vítimas, entendemos as pessoas que sofreram violência no campo afetivo e sexual, como também os pais e os parentes. É preciso, também, um firme empenho na adoção de rigorosas medidas de prevenção, começando pela seleção e formação daqueles a quem são confiadas tarefas de responsabilidades educativas, dentre eles,

---

[16] Cf. AL, n. 45.
[17] Cf. ChV, n. 100.
[18] Cf. ibidem, n. 99.
[19] Cf. AL, n. 51.

seminaristas, sacerdotes e catequistas. Ao mesmo tempo, não deve ser abandonada a decisão de aplicar as necessárias medidas e sanções nos casos legalmente comprovados. Em tudo, contando com a graça de Cristo.[20]

No tratamento do delito deve-se considerar três atitudes: para o *pecado*, a conversão, a misericórdia e o perdão; para o *delito* a aplicação das penalidades (eclesiástica e civil); para a *patologia*, o tratamento.

Não raro, no processo de iniciação cristã nos deparamos com adolescentes e jovens que manifestam comportamentos, na linha sexual, que são frutos de traumas adquiridos pelas experiências dolorosas que enfrentaram. Escutar, respeitar e conhecer suas histórias de vida é uma importante estratégia pedagógica para ajudá-los a viver de modo sadio e alegre a sua sexualidade, vendo-a não como uma energia destrutiva, mas como um elemento fundamental de edificação humana e cristã.

No meio desse drama que justamente nos fere a alma, o Senhor Jesus, que nunca abandona a sua Igreja, dá-lhe força e instrumentos para um caminho novo, um novo Pentecostes, e para começar um período de purificação e mudança na vida e na missão da Igreja.[21] Todos os cristãos podem ajudar nesse processo de renovação, porque todos são responsáveis pela edificação e santificação do corpo de Cristo, a sua Igreja: "Ainda que, por vontade de Cristo, alguns são constituídos doutores, dispensadores dos mistérios e pastores em favor dos demais, reina, porém, igualdade entre todos quanto à

---

[20] Cf. ChV, 97.
[21] Cf. ibidem, n. 102.

dignidade e quanto à atuação, comum a todos os fiéis, em favor da edificação do corpo de Cristo".²²

> *Para refletir*
>
> 1. Temos consciência de que corpo, sexualidade e afetividade são dons preciosos de Deus?
> 2. De que modo a fé pode iluminar a vivência da sexualidade?

---

²² CNBB, Doc. 105, n. 108.

Capítulo V
As dimensões espiritual e psicológica

Convido todo cristão, em qualquer lugar e situação em que se encontre, a renovar hoje mesmo o seu encontro pessoal com Jesus Cristo ou, pelo menos, a tomar a decisão de se deixar encontrar por ele, de o procurar dia a dia sem cessar [...] Quem arrisca, o Senhor não o desilude; e, quando alguém dá um pequeno passo em direção a Jesus, descobre que ele já aguardava de braços abertos a sua chegada. Este é o momento para dizer a Jesus Cristo: "Senhor, deixei-me enganar, de mil maneiras fugi do vosso amor, mas aqui estou novamente para renovar a minha aliança convosco. Preciso de vós. Resgatai-me de novo, Senhor; aceitai-me mais uma vez nos vossos braços redentores". Como nos faz bem voltar para ele, quando nos perdemos! Insisto uma vez mais: Deus nunca se cansa de perdoar, somos nós que nos cansamos de pedir a sua misericórdia [...] Ninguém nos pode tirar a dignidade que esse amor infinito e inabalável nos confere.[1]

---

[1] EG, n. 3.

5.1 CURA INTERIOR E PAZ NO CORAÇÃO

O processo de Iniciação à Vida Cristã é um caminho de aprofundamento na fé, na intimidade com Deus, de fortalecimento de nossa amizade com ele e também de cura interior.

De fato, em muitos de nós, cristãos, encontram-se gravados na alma os golpes recebidos, os fracassos e as recordações tristes. Muitas vezes, são as feridas das derrotas da nossa própria história, dos desejos frustrados, das discriminações e injustiças sofridas, de não nos termos sentido amados ou reconhecidos. Além disso, existem também as feridas morais, o peso dos nossos próprios erros ou o sentimento de culpa por termos falhado. Jesus faz-se presente nessas nossas cruzes para nos oferecer a sua amizade, o seu alívio, a sua companhia, e a Igreja quer ser instrumento dele nesse percurso rumo à cura interior e à paz do coração.[2]

A correria do cotidiano, a exigência de metas e desempenho e a lógica da eficiência afetam a qualidade de vida da sociedade atual. O vazio tende a colocar em crise o sentido da vida para muitas pessoas. A frustração, especialmente dos jovens, emerge quando não se consegue alcançar as exigências da sociedade. Também os cristãos são afetados por essa crise de sentido que gera cansaço, depressão, pânico, transtornos de personalidade e até suicídio. Essa situação ocorre porque se vive em uma sociedade que sustenta tudo ser possível, especialmente com o avanço das novas tecnologias.[3]

De fato, uma das maiores dificuldades humanas é lidar com o sofrimento. O sofrimento provoca em nós uma série de questionamentos, inclusive, questionamentos sobre Deus: Onde está Deus?

---

[2] Cf. ChV, n. 83.
[3] Cf. CNBB, DGAE, n. 110.

Por que silencia? Por que nos deixa sofrer? Por que não nos tira o sofrimento? Queremos compreender a razão da dor. Mas nos diz Leonardo Boff: "a compreensão da dor não suspende a dor, assim como ouvir receitas culinárias não faz matar a fome".[4]

A melhor atitude para o cristão no sofrimento é a contemplação da cruz de Cristo. A cruz do Senhor é a mais brilhante expressão de amor que a história já viu. Nele a paixão é essencialmente compaixão. É através de Jesus que podemos perceber o sentido do sofrimento e dar-lhe pleno significado espiritual. Em Cristo, a dor se transforma em alegria, a morte em vida, o sinal de desespero em esperança e o sofrimento em indescritível expressão de amor e salvação.

Para os que têm fé, não há circunstância que não contenha algum sentido. Isso vale, também, para aquelas que qualificamos de negativas, como o sofrimento, as perdas e a morte. Também nessas situações-limite é possível achar um sentido, porque o homem é capaz de transformar até circunstâncias caóticas em situações de êxito, redescobrindo nelas possibilidades de crescimento e aprendizado.[5]

Diante da atual sociedade de consumo, da felicidade aparente, da exaltação de valores efêmeros e do imperialismo hedonista, um caminho significativo para encontrar o sentido da existência é a recuperação da capacidade de conviver com as frustrações, e não simplesmente ocultá-las[6] e separá-las, como se não fizessem parte de nossa história.

---

[4] BOFF, Leonardo. *Lamento junto a Deus pelo Haiti*. Disponível em: <http://www.leonardoboff.com.br/site/lboff.htm>. Acesso em: 2 de outubro de 2019.
[5] Cf. BLANK, Renold. *Encontrar sentido na vida. Propostas filosóficas*. São Paulo: Paulus, 2008, p. 47.
[6] Cf. ibidem, 53.

Numa sociedade programada para evitar toda e qualquer dor, educada para buscar prazer a todo preço, que não está preparada para suportar o sofrimento, que deseja anestesiá-lo com os mais diversos subterfúgios (festas, compras, viagens, bebidas, sexo, drogas etc.), devemos recuperar a consciência sobre uma das verdades fundamentais da existência humana: a dor faz parte da vida e, consequentemente, faz parte também da busca pelo sentido desta vida.[7] É um paradoxo, mas o sofrimento e as trevas podem tornar-se, para os cristãos, lugares de encontro com Deus.[8]

Como dizia o filósofo Blaise Pascal, alguns dizem para nos recolhermos dentro de nós mesmos e que aí encontraremos repouso. E isso não é verdade. Outros dizem para sairmos e buscarmos a felicidade na diversão. E isso não é verdade. Vêm as doenças. A felicidade não está fora de nós, nem dentro de nós; ela está em Deus, tanto fora como dentro de nós.[9]

Deus nos consola em Cristo para que possamos consolar, também, todos aqueles que se acham em toda e qualquer aflição. Eis a nossa esperança e também nossa tarefa.

> Bendito seja o Deus e Pai de nosso Senhor Jesus Cristo, o Pai das misericórdias e Deus de toda consolação. Ele nos consola em todas as nossas aflições, para que, com a consolação que nós mesmos recebemos de Deus, possamos consolar os que se acham em toda e qualquer aflição. Pois, à medida que os sofrimentos de Cristo crescem para nós, cresce também a nossa consolação por Cristo. Se estamos em aflições, é para a vossa consolação e salvação; se somos consolados, é

---

[7] Cf. ibidem, p. 55.
[8] Cf. ChV, n. 149.
[9] PASCAL, Blaise. *Pensamentos. Texto integral*. São Paulo: Martin Claret, 2003, pp. 432, 465.

para a vossa consolação. E essa consolação sustenta a vossa paciência em meio aos mesmos sofrimentos que nós também padecemos. E a nossa esperança a vosso respeito é firme, pois sabemos que, assim como participais dos nossos sofrimentos, participais também da nossa consolação (2Cor 1,3-7).

Se o sofrimento provoca em nós uma sensação de solidão e abandono, nada mais edificante que confiarmos com firmeza e perseverança naquele que nos garante a vitória e restaura nossa esperança: Cristo Jesus. Conforme disse Bento XVI: "não há outra possibilidade de adquirir certeza sobre a própria vida, senão se abandonar progressivamente nas mãos de um amor que se experimenta cada vez maior porque tem a sua origem em Deus".[10]

Cristo não explica sistematicamente as razões do sofrimento; mas, acima de tudo, diz: Venha e siga-me! Participe com o seu sofrimento nesta obra da salvação do mundo, que se realiza por meio do meu próprio sofrimento! Por meio da minha cruz! À medida que o homem toma a sua cruz, unindo-se intimamente à cruz de Cristo, vai-se-lhe manifestando o sentido salvífico do sofrimento. É aí que o homem encontra, na sua própria dor, a paz interior e a alegria espiritual.[11]

Preciosas são as palavras do Papa Francisco nesse sentido. Muitas vezes, segundo o pontífice, parece que Deus não existe, porque constatamos incessantes injustiças, maldades, indiferenças e crueldades. Contudo, no meio da obscuridade, sempre desabrocha algo novo que, mais cedo ou mais tarde, produz fruto. Num campo arrasado, volta a aparecer a vida, tenaz e invencível. De

---

[10] BENTO XVI. Carta apostólica sob forma de *motu proprio Porta Fidei*. São Paulo: Paulinas, 2011, n. 7.
[11] Cf. ibidem, n. 26.

fato, há muitas coisas más, mas o bem sempre tende a reaparecer e espalhar-se. Cada dia, no mundo, renasce a beleza, que ressuscita transformada através dos dramas da história. Os valores tendem sempre a reaparecer sob novas formas e, muitas vezes, de situações que parecem irreversíveis. Essa é a força da ressurreição[12] que move a fé cristã.

A fé significa acreditar em Cristo, acreditar que ele nos ama verdadeiramente, que está vivo, que é capaz de intervir misteriosamente, que não nos abandona, que tira bem do mal com o seu poder. Fé significa acreditar que ele caminha vitorioso na história "e também torna vencedores todos que lhe são fiéis e nele confiam" (Ap 17,14).

Diante do sofrimento e da fragilidade da vida, o melhor caminho é deixarmo-nos amar por Deus. Ele nos ama como somos, aprecia-nos, respeita-nos, e nos fortalece cada vez mais com sua amizade, com o fervor da oração, a fome da sua Palavra, o anseio de receber Cristo na Eucaristia, a vontade de viver o seu Evangelho, a força interior, a paz e alegria espiritual.[13]

5.2 A AMIZADE

Nesse processo de superação do sofrimento e amadurecimento pessoal, além da fé, outro elemento importante é a amizade. A amizade é um presente da vida e um dom de Deus. Através dos amigos, o Senhor purifica-nos e nos faz amadurecer. Os amigos fiéis, que permanecem ao nosso lado, sobretudo nos momentos difíceis, são um reflexo do carinho do Senhor, da sua consolação e da

---

[12] Cf. EG, n. 276.
[13] Cf. ChV, n. 161.

sua amorosa presença. Ter amigos ensina-nos a abrir-nos, a sair da nossa comodidade, isolamento e a partilhar a vida. Por isso, "nada se pode comparar a um amigo fiel, e nada se iguala ao seu valor" (Ecl 6,15).[14]

A amizade é tão importante que o próprio Jesus se apresenta como amigo: "Já não vos chamo servos, vos chamo amigos" (Jo 15,15). Os discípulos ouviram o chamado de Jesus à amizade com ele; foi um convite que não os forçou, propondo-se delicadamente à sua liberdade: "'Vinde e vereis' – disse-lhes; e eles foram –, viram onde morava e ficaram com ele" (Jo 1,39). Depois daquele encontro, íntimo e inesperado, deixaram tudo e partiram com ele.[15]

A amizade com Jesus é um vínculo indissolúvel. Ele nunca nos deixa, embora às vezes pareça calado. Ele nunca quebra a aliança. A nós, no entanto, ele pede que não o abandonemos: "Permanecei em mim, que eu permaneço em vós" (Jo 15,4). Mas, se nos afastarmos, "Ele permanecerá fiel, pois não pode negar-se a si mesmo" (2Tm 2,13).[16]

Com um amigo conversamos, partilhamos as coisas mais secretas. Com Jesus, também deve ser assim. E isso o fazemos na oração. A oração permite-nos contar-lhe tudo o que nos acontece e permanecer confiantes nos seus braços e, ao mesmo tempo, proporciona-nos momentos de preciosa intimidade e afeto, onde Jesus derrama a sua própria vida em nós. Rezando, "abrimos o jogo" com ele, damos-lhe lugar para que possa agir, entrar e vencer e, assim, nos ajudar a crescer, amadurecer e vencer as tribulações e as cruzes

---

[14] Cf. ibidem, n. 151.
[15] Cf. ibidem, n. 153.
[16] Cf. ibidem, n. 154.

do caminho.[17] "Não nos privemos desta amizade. Pois ele caminha conosco em todos os momentos."[18]

Para refletir

1. De que maneira enfrentamos os sofrimentos que surgem em nossa vida?
2. Como manter a esperança nas lutas e nas cruzes da vida?

---

[17] Cf. ibidem, n. 155.
[18] Ibidem, n. 156.

Capítulo VI

A DIMENSÃO SOCIOCOMUNICATIVA

Os meios de comunicação podem constituir uma válida ajuda para fazer crescer a comunhão da família humana e o comportamento ético das sociedades, quando se tornam instrumentos de promoção da participação universal na busca comum daquilo que é justo.[1]

6.1 O MUNDO VIRTUAL: BENEFÍCIOS E MALEFÍCIOS

Os novos meios de comunicação social são excelentes instrumentos para a ação evangelizadora, porque oferecem importantes benefícios e vantagens desde uma perspectiva religiosa. Inclusive, no Itinerário da Iniciação à Vida Cristã, as novas tecnologias podem ser muito úteis para tornar os encontros mais dinâmicos e para obtermos informações mais rápidas. Daí a formação de grupos virtuais de catequistas, catequizandos, pais etc. No entanto, a

---

[1] Cf. BENTO XV. Carta encíclica *Caritas in Veritate*, sobre o desenvolvimento humano integral na caridade e na verdade. São Paulo: Paulus/Loyola, 2009, n. 73. (Documentos do Magistério.)

riqueza da nova cultura digital não substitui a beleza da proximidade e da convivialidade presencial, que são essenciais na família, na sociedade e na comunidade.[2]

O ambiente digital caracteriza o mundo atual. Largas faixas da humanidade vivem mergulhadas nele de maneira ordinária e contínua. Vivemos, portanto, numa cultura amplamente digitalizada que tem impactos muito profundos na noção de tempo e espaço, na percepção de si mesmo, dos outros e do mundo, na maneira de comunicar, aprender, obter informações e entrar em relação com os outros.[3]

A internet e as redes sociais geraram uma nova maneira de comunicar e criar vínculos, embora nem todos tenham acesso igual. Em todo caso, constituem uma oportunidade extraordinária de diálogo, encontro e intercâmbio entre as pessoas, bem como de acesso à informação e ao saber. Em muitas localidades, inclusive, a web e as redes sociais já constituem um lugar indispensável para se alcançar e envolver as pessoas nas iniciativas e atividades pastorais.[4]

Mas esse fenômeno possui limites e deficiências. De fato, o ambiente digital é também um território de solidão, manipulação, exploração e violência. Os meios de comunicação digitais podem expor ao risco de dependência, isolamento e perda progressiva de contato com a realidade concreta, dificultando o desenvolvimento de relações interpessoais autênticas. Além disso, é um meio de difusão da pornografia e de exploração de pessoas para fins sexuais ou através do jogo de azar.[5]

---

[2] Cf. CNBB, Doc. 105, n. 209.
[3] Cf. ChV, n. 86.
[4] Cf. ibidem, n. 87.
[5] Cf. ibidem, n. 88.

Não podemos esquecer que há interesses econômicos gigantescos que operam no mundo digital, capazes de realizar formas de controle que são tão sutis quanto invasivas, criando mecanismos de manipulação das consciências e do processo democrático, sobretudo através de notícias falsas. A proliferação das notícias falsas é expressão de uma cultura que perdeu o sentido da verdade e que sujeita os fatos a interesses particulares. Esse fenômeno também afeta a vida e a missão da Igreja e dos cristãos.[6]

Se é verdade que a internet constitui uma possibilidade extraordinária de acesso ao saber, verdade é também que se revelou como um dos locais mais expostos à desinformação e à distorção dos fatos e relações interpessoais, a ponto de muitas vezes cair no descrédito. A imersão no mundo virtual favoreceu uma espécie de "migração digital", isto é, um distanciamento da família, dos valores culturais e religiosos, que leva muitas pessoas para um mundo de solidão. É preciso, portanto, passar do contato virtual a uma comunicação boa e saudável.[7]

6.2 REDES SOCIAIS: INSTRUMENTOS DE EVANGELIZAÇÃO

Apesar de todos esses riscos, para ser missionária, a comunidade eclesial necessita também se inserir ativa e coerentemente nesses areópagos modernos, dentre os quais se encontram as redes sociais. É imprescindível reconhecer as oportunidades para a propagação do Evangelho que a cultura midiática oferece. São novos recursos, linguagens e meios para evangelizar. Entretanto, é indispensável

---

[6] Cf. ibidem, n. 89.
[7] Cf. ibidem, n. 90.

agir com discernimento, pois o próprio consumo de informação superficial e as formas de comunicação rápida e virtual podem ser um fator de estonteamento que ocupa todo o nosso tempo e nos afasta da carne sofredora dos irmãos.[8]

Esses mecanismos da comunicação, da publicidade e das redes sociais podem ser utilizados para nos tornar sujeitos adormecidos, dependentes do consumo e das novidades que podemos adquirir, obcecados pelo tempo livre, fechados na negatividade. Mas também é possível usar as novas técnicas de comunicação para transmitir o Evangelho, para comunicar valores e beleza.[9] "É urgente para a Igreja e para todos os cristãos anunciar o Evangelho pelas mídias, bem como denunciar os contravalores e as margens negativas difundidas por elas."[10]

O uso da *social web* é complementar do encontro em carne e osso, vivido através do corpo, do coração, dos olhos, da contemplação, da respiração do outro. Se a rede for usada de forma que favoreça tal encontro, então não se atraiçoa a si mesma e permanece um recurso para a comunhão. Se uma família utiliza a rede para estar mais conectada, para depois se encontrar à mesa e olhar-se olhos nos olhos, então é um recurso. Se uma comunidade eclesial coordena a sua atividade através da rede, para depois celebrar juntamente com os demais a Eucaristia, então é um recurso. Se a rede é uma oportunidade para me aproximar de casos e experiências de bondade ou de sofrimento distantes fisicamente de mim, para rezar juntos e, juntos, buscar o bem na descoberta daquilo que nos une, então é um recurso. A rede que queremos não é feita para capturar, mas para libertar, para preservar uma comunhão de pessoas livres.

---

[8] Cf. CNBB, DGAE, n. 118.
[9] Cf. ChV, n. 105.
[10] CNBB, Doc. 105, n. 187.

A própria Igreja é uma rede tecida pela comunhão Eucarística, em que a união não se baseia nos gostos [*"like"*], mas na verdade, no "amém" com que cada um adere ao corpo de Cristo, acolhendo o outro.[11]

> *Para refletir*
>
> 1. Quais os benefícios e os malefícios no uso das redes sociais?
> 2. Como podemos utilizar as redes sociais a serviço da comunhão e da fé?

---

[11] PAPA FRANCISCO. Mensagem para o Dia Mundial das Comunicações Sociais 2019. Disponível em: <http://w2.vatican.va/content/ francesco/pt/messages/communications/documents/papa-francesco_20190124_messaggio-comunicazioni-sociali.html>. Acesso em: 2 de outubro de 2019.

Capítulo VII
A dimensão vocacional

Vivemos à procura de respostas sobre a vida, seu sentido e, no fundo, sobre nós mesmos. Podemos até ter dificuldades em reconhecer nossas buscas. Podemos até caminhar por vias perigosas e alienantes. Mas há sempre buscas secretas que inquietam nosso coração. Queremos saber quem somos, por que estamos neste mundo, que sentido têm as escolhas que a vida exige de nós. Esses questionamentos nos levam a pensar na necessidade de um projeto de vida. A vida cristã é o projeto para toda a nossa vida.[1]

7.1 PROJETO DE VIDA

Assim como para se fazer uma longa viagem em que programamos tudo: dia e hora da saída, passagens, malas, o que levar, o que deixar, onde nos hospedar, dia de retorno etc., na vida cristã também é preciso programar, traçar metas. É importante termos um projeto de vida claro, que oriente todos os nossos interesses, energias e objetivos.

As áreas a serem projetadas são: os relacionamentos (vida familiar, amizades, namoro); vida profissional e financeira (trabalho, cursos, formação, faculdade, segurança financeira); vida pessoal

---

[1] Cf. CNBB, Doc. 105, nn. 4 e 5.

(cuidado pessoal, físico, psicológico, descanso, lazer) e vida espiritual (oração, relacionamento com Deus, vida sacramental, formação, pastoral e missão). A Iniciação à Vida Cristã deve orientar os cristãos a organizarem seus projetos de vida, sempre ressaltando que o principal projeto é a própria vida cristã, a vida de fé.

Neste mundo acelerado, conduzido pelas novas tecnologias e os meios avançados de comunicação, estamos sempre reclamando por falta de tempo, e corremos o risco de viver muito atarefados e desgastados, mas sem um claro projeto de vida. Todos nós estamos sujeitos a um *zapping, zapping* constante. Conseguimos interagir ao mesmo tempo em diferentes cenários virtuais, mas, sem a sabedoria do discernimento, podemos facilmente nos transformar em marionetes à mercê das tendências da ocasião. Esse discernimento significa pensar no projeto, único e irrepetível, que Deus tem para cada um, aquele sentido verdadeiro para o qual podemos orientar a nossa existência e que ninguém conhece melhor do que ele.[2]

O discernimento exige partir da predisposição para escutar: o Senhor, os outros, a própria realidade que não cessa de nos interpelar de novas maneiras. Somente quem está disposto a escutar é que tem a liberdade de renunciar a seu ponto de vista parcial e insuficiente.[3]

O discípulo de Jesus, diante das dificuldades e dos desafios que o mundo lhe apresenta, deverá elaborar um novo projeto de vida, tendo como base a proposta do Senhor, centrado no espírito das bem-aventuranças, nos mandamentos e na tarefa de edificar o Reino, não só no interior de seu coração, mas também na história.[4]

---

[2] Cf. ChV, nn. 279 e 280.
[3] Cf. ibidem, n. 284.
[4] Cf. CNBB, Doc. 105, n. 134.

Quando os nossos projetos parecerem irrealizáveis, quando pensarmos que tudo está estagnado, quando não encontrarmos as devidas respostas às nossas inquietações, não é bom nos darmos por vencidos. O caminho é Jesus: façamo-lo subir para o barco da nossa história e rememos com ele. Ele muda a perspectiva da vida. A fé em Jesus conduz-nos a uma esperança que vai mais além, a uma certeza fundada não só nas nossas qualidades e habilidades, mas na Palavra de Deus. Sem fazer demasiados cálculos humanos nem nos preocupar em verificar se a realidade que nos circunda coincide com as nossas certezas, saiamos de nós mesmos e façamos o projeto com Jesus.[5]

Devemos perseverar no caminho dos sonhos. Para isso, é preciso ter cuidado com uma tentação que muitas vezes nos engana: a ansiedade. Ela pode tornar-se uma grande inimiga, quando leva a render-nos, porque descobrimos que os resultados não são imediatos. Os sonhos mais belos conquistam-se com esperança, paciência e determinação, renunciando às pressas. Ao mesmo tempo, é preciso não nos deixarmos bloquear pela insegurança: não devemos ter medo de arriscar e cometer erros; devemos, sim, ter medo de viver paralisados, como mortos ainda em vida, sujeitos que não vivem porque não querem arriscar, não perseveram nos seus compromissos ou têm medo de errar. Ainda que erremos, poderemos sempre levantar a nossa cabeça e recomeçar, porque ninguém nos pode roubar a esperança.[6]

O cristão não pode olhar o mundo como se fosse turista, mas, sim, precisa lançar fora os medos que o paralisam, para não se tornar mumificado. É importante aproveitar as oportunidades de

---

[5] Cf. ibidem, n. 141.
[6] Cf. ChV, n. 142.

cada dia para realizar ações ordinárias de maneira extraordinária. O Senhor Jesus sempre nos cumula de muitos dons, que somos chamados a valorizar, para que possamos descobrir o seu projeto de amor para cada um de nós.[7]

7.2 A VOCAÇÃO

No processo da catequese nem sempre falamos de vocação, mas a Iniciação à Vida Cristã precisa ser também um itinerário vocacional, isto é, um processo que promova a séria e, ao mesmo tempo, alegre reflexão sobre a relação entre o chamado amoroso de Deus e a generosa resposta daqueles que o escutam. Deus nos chama à vida, à amizade com ele e à santidade. Isso nos permite compreender que nada é fruto de um caos sem sentido, mas, pelo contrário, tudo pode ser inserido num caminho de resposta ao Senhor, que tem um projeto estupendo para nós.[8]

No entanto, quando se trata de discernir a própria vocação, há várias perguntas que é preciso colocar-se. Não se deve começar por questionar onde se poderia ganhar mais dinheiro, onde se poderia obter mais fama e prestígio social, mas também não se deveria começar perguntando quais tarefas nos dariam mais prazer. Para não se enganar, é preciso mudar de perspectiva, perguntando: Como posso servir melhor e ser mais útil ao mundo e à Igreja? Qual é o meu lugar nesta terra? Que poderia eu oferecer à sociedade?[9]

No diálogo do Senhor ressuscitado com o seu amigo Simão Pedro, a pergunta importante era: "Simão, filho de João, tu me

---

[7] Cf. ibidem, nn. 148-149.
[8] Cf. ibidem, n. 248.
[9] Cf. ibidem, n. 285.

amas?" (Jo 21,16). Por outras palavras: Amas-me como amigo? A missão que Pedro recebe de cuidar das ovelhas e cordeiros de Jesus estava sempre ligada a esse amor gratuito, esse amor de amigo. No entanto, temos um exemplo contrário, a situação do jovem rico, que nos mostra que aquele jovem não percebeu o olhar amoroso do Senhor (cf. Mc 10,21). Depois de ter seguido uma boa inspiração, foi-se embora triste, porque não conseguiu separar-se das muitas coisas que possuía (cf. Mt 19,22). Perdeu a grande ocasião de viver uma amizade profunda com o Senhor.[10]

Por mais que vivamos e experimentemos milhares de coisas, nunca conheceremos a verdadeira plenitude de nosso ser, se não nos encontrarmos cada dia com o grande amigo, se não vivermos na amizade de Jesus.[11] Viver uma estreita e sincera amizade com o Senhor é a grande vocação do cristão.

Nossa vida na terra atinge a sua plenitude quando se transforma em oferta. Nós não apenas exercemos uma missão, mas uma missão nesta terra, e é para isso que estamos neste mundo. Por conseguinte, devemos pensar que toda a pastoral é vocacional, toda a formação é vocacional e toda a espiritualidade é vocacional.[12]

Para realizar a própria vocação, é necessário desenvolver-se, fazer germinar e crescer tudo aquilo que uma pessoa é. Não se trata de inventar-se, criar a si mesmo do nada, mas de descobrir-se à luz de Deus e fazer florescer o próprio ser. A nossa vocação orienta-nos a extrairmos o melhor de nós mesmos para a glória de Deus e para o bem dos outros. Não se trata apenas de fazer coisas,

---

[10] Cf. ibidem, nn. 250-251.
[11] Cf. ibidem, n. 150.
[12] Cf. ibidem, n. 254.

mas de fazê-las com um significado, uma orientação. Acertar nisso equivale simplesmente a ter êxito; e não o conseguir é simplesmente falhar.[13]

É importante lembrar qual é a grande questão: Muitas vezes, na vida, perdemos tempo a questionar-nos: "*Quem* sou eu?". Mas a pergunta que devemos nos colocar é esta: "*Para quem* sou eu?". Somos para Deus, mas ele quis que fôssemos também para os outros, e colocou em nós muitas qualidades, inclinações, dons e carismas que não são para nós, mas para os outros.[14]

O chamado vocacional é o chamado de um amigo: Jesus. Aos amigos, quando se dá um presente, oferece-se o melhor; isso não significa que seja necessariamente o presente mais caro ou difícil de conseguir, mas o que proporcionará alegria ao outro. É com esse discernimento de amizade que podemos compreender qual é a vontade de Deus para a nossa vida,[15] como também o nosso papel de cristãos na Igreja e na sociedade.

7.3 VOCAÇÕES ESPECÍFICAS: O MATRIMÔNIO

O Matrimônio é, sem dúvida, uma vocação que o próprio Deus propõe através dos sentimentos, anseios e sonhos. Dois cristãos que se casam reconheceram na sua história de amor o chamado do Senhor, a vocação de formar duas pessoas, homem e mulher, mesmo com diferentes pensamentos e personalidades, uma só carne, uma só vida.[16]

---

[13] Cf. ibidem, n. 257.
[14] Cf. ibidem, n. 286.
[15] Cf. ibidem, n. 287.
[16] Cf. ibidem, nn. 259-260.

No contexto atual, por um lado, existe uma consciência mais viva da liberdade pessoal e maior atenção à qualidade das relações interpessoais no Matrimônio, à promoção da dignidade da mulher, à procriação responsável, à educação dos filhos. Por outro lado, não faltam sinais de degradação preocupante de alguns valores fundamentais: uma errada concepção teórica e prática da independência dos cônjuges entre si, ambiguidades na relação de autoridade entre pais e filhos, as dificuldades que a família experimenta na transmissão dos valores, o número crescente dos divórcios, da prática abortiva, o despreparo para o casamento.[17]

Perante essa situação, diz o Papa Francisco que todas as comunidades e vínculos sociais atravessam uma crise cultural, mas, no caso da família, a fragilidade dos vínculos reveste-se de especial gravidade, porque se trata da célula básica da sociedade.[18]

Uma forte característica da nossa sociedade pós-moderna é a aceleração. Tudo passa muito depressa e rapidamente também perde a importância. Nessa dinâmica, há uma verdadeira fuga de compromissos duradouros e se adota a provisoriedade: compromissos provisórios, amizades provisórias, trabalhos provisórios, casamentos provisórios, famílias provisórias. Prefere-se viver o dia a dia, sem programas a longo prazo, nem apegos pessoais, familiares e comunitários.[19]

A imagem da união matrimonial que selava para sempre os destinos dos noivos e que constituía um ideal indiscutível na sociedade tradicional contrasta hoje com o comportamento de não poucos ídolos da TV ou figuras de sucesso popular que trocam

---

[17] Cf. JOÃO PAULO II. Exortação apostólica *A missão da família cristã no mundo e hoje*. São Paulo: Paulinas, 1981, n. 6.

[18] Cf. EG, n. 66.

[19] DAp, n. 46.

de parceiros com rapidez surpreendente. Nesse clima, marido e mulher, em vez de desfrutarem a alegria da companhia do outro, competem afetiva e financeiramente. Essas dificuldades, encontradas na família de origem, levam, certamente, muitos jovens a interrogarem-se se vale a pena formar uma nova família, ser fiéis, ser generosos.[20]

Na cultura do provisório, do relativo, muitos pregam que o importante é "curtir" o momento, que não vale a pena comprometer-se por toda a vida, fazer escolhas definitivas. No entanto, como orienta o Papa Francisco, "é necessário que sejamos revolucionários, que nademos contra a corrente; que nos rebelemos: contra essa cultura do provisório que, no fundo, crê que não somos capazes de assumir responsabilidades nem de amar de verdade".[21]

O modelo cristão de Matrimônio, baseado na estabilidade da união conjugal e na fidelidade dos esposos aos seus compromissos matrimoniais, especialmente o cuidado e a educação dos filhos, encontra-se diante de especiais dificuldades para se adaptar à nova situação. Isso não significa que tenha perdido seu significado e sua identidade. Mas hoje se faz necessária uma séria preparação para o Matrimônio; isso requer educar-se a si mesmo, desenvolver as melhores virtudes, sobretudo o amor, a paciência, a capacidade de diálogo e de serviço. Implica também educar a própria sexualidade, para que seja sempre menos um instrumento para usar os outros, e cada vez mais uma capacidade de se doar plenamente a uma pessoa, de maneira exclusiva e generosa.[22]

---

[20] Cf. ChV, n. 263.
[21] Ibidem, n. 264.
[22] Cf. ibidem, n. 265.

Vale a pena apostar na família, pois nela encontramos os melhores estímulos para amadurecer e as mais belas alegrias para partilhar. Não deixemos que nos roubem a possibilidade de amar a sério. Não permitamos que nos enganem quantos nos propõem uma vida desenfreada e individualista que acaba por levar ao isolamento e à pior solidão.[23]

É verdade que nunca encontraremos uma família perfeita, mas isso não deve servir de desculpa para não constituirmos famílias. A "família perfeita" não existe, mas não devemos esquecer que as famílias não são um problema, elas são, antes de tudo, uma oportunidade. É em casa que aprendemos a fraternidade, a solidariedade, a não ser prepotentes. É em casa que aprendemos a acolher e apreciar a vida como uma bênção e que cada um precisa do outro para avançar. É em casa que experimentamos o perdão, e estamos constantemente convidados a perdoar, deixar-nos transformar. A família é escola da humanidade, escola que ensina a pôr o coração aberto às necessidades dos outros, a estar atento à vida dos demais. A família são verdadeiros espaços de liberdade e centros de humanidade.[24]

A família é a escola da humanidade, mas, para isso, precisamos investir nos valores. No mundo que escraviza de diversos modos e que promove uma liberdade enganosa, precisamos investir no verdadeiro sentido de liberdade, nunca isenta de sacrifícios, renúncias e responsabilidade. No mundo que privilegia o orgulho e a vaidade, o ter sobre o ser, precisamos investir na humildade. No mundo em que é lícito ser mentiroso, desonesto e corrupto,

---

[23] Cf. ibidem, n. 263.
[24] Cf. PAPA FRANCISCO, *Encontro com as famílias. Discurso do Santo Padre na Catedral de Nossa Senhora da Assunção*, Santiago, Cuba (terça-feira, 22 de setembro de 2015).

precisamos investir na verdade, na transparência e na justiça. No mundo onde se incentiva o crescer a qualquer custo e o obter prazer usando o outro como objeto, precisamos investir no valor da luta, do respeito e da gratuidade. No mundo cheio de dores e tristezas, precisamos investir na alegria de viver. No mundo que nos fecha no egocentrismo, precisamos investir no amor que nos faz companheiros, mesmo sendo completamente diferentes.

Os que possuem vocação para o Matrimônio e para a paternidade/maternidade, naturalmente, devem possuir a vocação de educar os filhos no caminho de Deus, da sua Igreja e da prática do bem. Essa educação não vem de palavras, mas sim do exemplo, do testemunho de vida dos pais. Os pais cristãos devem apresentar aos filhos valores que realmente valham a pena, caso contrário, eles se apegarão ao que o mundo lhes oferece e, muitas vezes, se deixarão seduzir e até se destruir. A catequese e a família devem ser também espaços onde se aprende a cultivar valores, especialmente, os valores cristãos, pois estes se fundamentam no amor.

Neste mundo de instabilidade, da fluidez e de laços frágeis e descartáveis, da exaltação do egoísmo e da idolatria do prazer, é urgente proclamarmos as palavras de São João Paulo II: "Só o que é construído sobre Deus e sobre o amor é durável".[25]

7.3 VOCAÇÕES ESPECÍFICAS: O TRABALHO

O trabalho é uma parte fundamental de nossa vida, por isso, não pode ser um tema dispensável no processo da Iniciação à Vida Cristã. Muitos catequistas e catequizandos são jovens estudantes,

---

[25] AZEVEDO, Walmor Oliveira de. A juventude quer viver. Disponível em: <http://www.cnbb.org.br/site/articulistas/dom-walmor-oliveira-de-azevedo/12431-a-juventude-quer-viver>. Acesso em: 2 de outubro de 2019.

portanto, aspiram a uma profissão, mas muitos outros já são profissionais que exercem, além do trabalho, múltiplas funções: a casa, a família, os filhos. Alguns, ainda, enfrentam dificuldades por não trabalharem na área para a qual foram formados e, até mesmo, o desemprego.

De acordo com o Papa Francisco, o trabalho deve ser para nós fonte de alegria e prazer, e não apenas um meio de sobrevivência. Infelizmente, no contexto atual nem sempre conseguimos exercer as profissões para as quais nos sentimos chamados. O mundo do trabalho é, também, uma área onde muitos experimentam formas de exclusão e marginalização. A primeira e a mais grave é o desemprego. A falta de trabalho diminui a nossa capacidade de sonhar e priva-nos da possibilidade de contribuir para o desenvolvimento da sociedade.[26] Apesar de tudo isso, o trabalho é uma necessidade, faz parte do sentido da vida nesta terra, é caminho de maturação, desenvolvimento humano e realização pessoal.[27]

O trabalho também pode ser uma escola de valores, onde se aprende a viver com honestidade, integridade, respeito e fraternidade. Ele não pode ser visto apenas como meio de se conseguir renda, sendo desprovido de ética, de função social, de realização pessoal e de espiritualidade.[28]

É verdade que não podemos viver sem trabalhar e que, às vezes, temos de aceitar o que surge, mas nunca podemos renunciar aos nossos sonhos, enterrar definitivamente uma vocação, nos darmos por vencidos. Continuemos sempre procurando viver aquilo que, no nosso discernimento, reconhecemos como uma verdadeira

---

[26] Cf. ChV, n. 263.
[27] Cf. ibidem, n. 270.
[28] Cf. CNBB, DGAE, n. 63.

vocação.[29] Assim o diz o livro do Eclesiastes: "Reconheci que não há felicidade maior para o homem do que alegrar-se com as suas obras" (3,22).

7.4 VOCAÇÕES ESPECÍFICAS: SACERDÓCIO, VIDA RELIGIOSA, CONSAGRAÇÃO

O discernimento vocacional proporcionado pela catequese não deve excluir a possibilidade da consagração a Deus pelo sacerdócio, pela vida religiosa ou por formas de consagração.[30] E, se alguns sacerdotes, religiosos e religiosas não dão bom testemunho, não é por isso que o Senhor deixa de chamar. Pelo contrário, redobra a aposta, porque não cessa de cuidar da sua amada Igreja.[31]

Jesus caminha no meio de nós, como fazia na Galileia, e chama-nos a segui-lo. O seu chamado continua atraente e fascinante. Mas, hoje, a ansiedade e a velocidade de tantos estímulos que nos bombardeiam fazem com que não haja lugar para aquele silêncio interior, em que se percebe o olhar de Jesus e se ouve o seu chamado. Recebemos muitas propostas no mundo, que parecem belas e intensas, mas que, com o passar do tempo, nos deixam vazios, cansados e sozinhos. O turbilhão deste mundo arrasta-nos numa corrida sem sentido, sem orientação nem objetivos claros. Procuremos, portanto, aqueles espaços de calma e silêncio que nos permitam refletir, rezar, ver melhor o mundo ao nosso redor e, então,

---

[29] Cf. ChV, n. 273.
[30] Cf. ibidem, n. 276.
[31] Cf. ibidem, n. 275.

juntamente com Jesus, poderemos reconhecer qual é a nossa vocação nesta terra.[32]

O processo de Iniciação à Vida Cristã é uma ocasião propícia para o esclarecimento e a promoção vocacional. À medida que nos encontramos com o Senhor e crescemos na intimidade com ele, devemos também verificar qual é a vocação para a qual ele nos chama. Nessa reflexão, não podemos descartar a consagração total no serviço de Deus. Precisamos falar, na catequese, da importância da vocação sacerdotal, da vida religiosa masculina e feminina e das outras formas de consagração leiga como um caminho de realização pessoal e um sinal do Reino de Deus no mundo, se possível fazendo uso de testemunhos de pessoas que vivem essas vocações.

Seguindo as palavras do Papa Francisco, o Senhor, quando pensa em alguém, vê-o como seu amigo pessoal. E, em nome dessa amizade, decide presenteá-lo com uma graça, um carisma, transformando-o numa pessoa útil aos outros e verdadeiramente feliz. Não porque o dom concedido seja um carisma extraordinário, mas porque é precisamente à sua medida, à medida de toda a sua vida.[33] Tudo o mais vem depois; e até os fracassos da vida poderão ser uma experiência inestimável de tal amizade que não se rompe jamais.[34]

O processo da Iniciação à Vida Cristã deve ajudar todos, catequistas e catequizandos, a discernirem e fortalecerem a própria vocação dentro da comunidade cristã, no seguimento de Cristo, de modo que o conhecendo e o amando encontrem nele o verdadeiro sentido de sua vida. Pois o grande chamado que Jesus faz à humanidade é o chamado à vida. *Ele vive para que nós também vivamos.*

---

[32] Cf. ibidem, n. 277.
[33] Cf. ibidem, n. 288.
[34] Cf. ibidem, n. 290.

Para refletir

1. Qual é projeto que temos para a nossa vida? O que falta para realizá-lo?
2. A vida cristã é o projeto de Deus para nós. Como temos acolhido esse projeto?

Capítulo VIII
A dimensão missionária

Outro objetivo central da catequese é conscientizar e motivar os cristãos para a missão, pois, antes de tudo, cada batizado é um discípulo e missionário de Cristo. E cada um deve encontrar o seu lugar na grande missão da Igreja. O que não se pode é viver na indiferença e no comodismo. A fé que recebemos no Batismo não pode ser estéril, pelo contrário, precisa se transformar em testemunho. Aquilo que vimos e ouvimos devemos anunciar (cf. 1Jo 1,3).

8.1 COMUNIDADE E MISSÃO

"Comunidades que não geram missionários são tristes expressões da esterilidade de quem perdeu seu rumo na vivência do Evangelho."[1]

A comunidade eclesial deve ser como uma casa onde as portas estejam continuamente abertas para o duplo movimento de entrada e de saída. De entrada, acolhendo os que chegam para partilhar suas alegrias e sanar suas dores. De saída, anunciando Jesus Cristo e seu Reino, indo ao encontro do outro, especialmente dos pobres e sofredores. Uma comunidade eclesial autêntica é, necessariamente,

---
[1] CNBB, DGAE, n. 9.

missionária. Missão e comunidade são como dois lados da mesma moeda.²

8.2 MISSÃO POR ATRAÇÃO

Não deixemos que o mundo nos arraste para compartilhar apenas as coisas negativas ou superficiais. Falemos de Jesus, contemos aos outros que ele nos dá a força de viver, que é bom conversar com ele, que nos faz bem meditar as suas palavras. Compartilhemos Jesus, comuniquemos com alegria a fé que ele nos deu.³ Não tenhamos medo de ir e levar Cristo a todos os ambientes, incluindo àquele que parece mais distante e indiferente. Proclamemos o anúncio missionário nos locais onde nos encontrarmos e às pessoas com quem convivermos: no bairro, na escola, no esporte, nas saídas com os amigos, no trabalho. É sempre bom e oportuno partilhar a alegria do Evangelho. Não esperemos pelo dia de amanhã para colaborar na transformação do mundo com a nossa energia, coragem e criatividade. A melhor maneira de preparar um bom futuro é viver bem o presente, com dedicação e generosidade.⁴ A Igreja precisa do nosso ímpeto, das nossas intuições e, principalmente, da nossa fé.⁵

A missão cristã, no entanto, não é uma propaganda; ela é partilha de alegria, indicação de um caminho de vida e de felicidade. Ela não se realiza por proselitismo, mas somente por atração. O anúncio de Cristo só se torna significativo quando é acompanhado pelo

---

²   Cf. ibidem, n. 7.
³   Cf. ChV, n. 176.
⁴   Cf. ibidem, pp. 177-178.
⁵   Cf. ibidem, n. 299.

testemunho pessoal e comunitário, que se expande e se irradia, especialmente através da alegria, da fraternidade e da solidariedade.[6]

A motivação para esse caminho missionário fundamenta-se na convicção de que não é a mesma coisa ter conhecido Jesus ou não o conhecer, não é a mesma coisa caminhar com ele ou seguir por outros caminhos, não é a mesma coisa poder escutá-lo ou ignorar a sua Palavra. A vida com Jesus é muito mais plena, pois com ele é mais fácil encontrar o sentido para cada coisa. É por isso que evangelizamos.[7] É essa presença e esse testemunho que o mundo espera das comunidades cristãs e de cada pessoa que fora iniciada na fé e unirá a sua vida à vida de Cristo.[8]

Para refletir

1. Qual o maior objetivo da Iniciação à Vida Cristã?
2. O que significa ser discípulo e missionário de Jesus?

---

[6] Cf. CNBB, DGAE, n. 23.
[7] Cf. EG n. 266.
[8] Cf. CNBB, DGAE, n. 188.

Conclusão

A Iniciação à Vida Cristã é um itinerário, um caminho que percorremos com Cristo, aprendendo com ele a ser filhos de Deus. Nesse caminho nos encontramos com várias pessoas que se tornam luzes e instrumentos de Deus para nós: os catequistas para os catequizandos e os catequizandos para os catequistas. Um iluminando a vida e a missão do outro com sua fé e experiência.

No caminho que percorremos, ao longo do nosso texto, vemos também as dimensões de nossa fé cristã que precisam ser contempladas no processo catequético, a saber:

a) *a dimensão querigmática:* onde ressaltamos a importância e a centralidade do *primeiro anúncio*, isto é, de que somos amados por Deus, e a prova desse amor está na vinda de Jesus para encarnar-se e habitar entre nós e no seu mistério pascal de morte e ressurreição;

b) *a dimensão eclesial:* fortalecemos a consciência de que somos irmãos, membros do corpo de Cristo. E que não dá para ser cristão sem comunidade. Não é possível viver a fé cristã sem vínculo fraterno. A comunidade é onde aprendemos a ser missionários;

c) *a dimensão social:* demonstramos a incidência sociopolítica da fé. Não podemos viver a fé de forma alienada, distantes dos sofrimentos do mundo. Todos os desafios que a sociedade enfrenta devem ser interpretados e iluminados pela fé dos cristãos. A Palavra de Deus que escutamos e celebramos nos conduz a agir no mundo, na luta pela transformação social e pelo estabelecimento do direito e da justiça impulsionados pela caridade.

d) *a dimensão afetiva e sexual:* procuramos despertar a consciência de que a fé deve iluminar, inclusive, a nossa vida íntima, a concepção do nosso corpo e a prática da afetividade e sexualidade. Neste mundo de relações provisórias e satisfações momentâneas, a fé nos mostra que muito mais que o mero prazer, é o amor, acompanhado por respeito e fidelidade, que nos garante a verdadeira felicidade.

e) *a dimensão espiritual e psicológica:* mostramos que a fé em Cristo dá sentido a nossa vida, mesmo no meio das contrariedades, e nos ajuda a superar os sofrimentos. Jesus sofreu por nós e continua sofrendo conosco. A sua cruz silenciosa não é sinal de ausência, mas de uma presença de amor e compaixão que supre as carências e cura todas as feridas, pois é um amor que ninguém mais pode oferecer. Ele nos ama com amor eterno;

f) *a dimensão sociocomunicativa:* realizamos uma reflexão sobre os benefícios e os malefícios do uso das redes sociais, sobretudo para a vivência da fé e o anúncio do Evangelho. Nesse aspecto, vimos a necessidade do cuidado para não nos deixarmos levar por tudo aquilo que nos desvia do caminho da santidade e da verdade, tais como a pornografia e as notícias falsas. Ressaltamos, contudo, que as redes sociais podem ser um grande instrumento de comunhão e evangelização, se forem utilizadas com fé e sabedoria;

g) *a dimensão vocacional:* nessa dimensão, enfatizamos que a vida cristã é o nosso grande projeto de vida, aquele que ilumina todos os nossos outros projetos e vocações: família, trabalho, consagração;

h) *a dimensão missionária:* na reflexão dessa dimensão, deixamos claro quais são os grandes objetivos de toda a Iniciação à Vida Cristã: formar, preparar e acompanhar os discípulos e missionários de Cristo.

Realizamos nossas reflexões baseados na Exortação apostólica pós-sinodal *Christus Vivit* (Cristo vive) do Papa Francisco, aproveitando, também, as últimas orientações oferecidas pela CNBB para um processo catequético mais aprofundado, vivencial, comunitário e missionário. O texto do Papa Francisco, mesmo direcionado para os jovens, oferece elementos fundamentais para a vida de fé de todos os cristãos, sobretudo, quanto lido e interpretado a partir das dimensões supracitadas. Por isso, decidimos apresentar um projeto de itinerário de Iniciação à Vida Cristã tendo por base esse documento.

A partir de tudo que foi apresentado, concluímos que a Iniciação à Vida Cristã não é a transmissão de doutrinas, de teorias, pelo contrário, é uma relação, uma experiência comunitária de fé e um caminho de vida. Toda preparação é em vista da vida. Cristo veio para nos trazer vida. Ele ressuscitou para nos mostrar que, na nossa peregrinação de fé, não caminhamos para a morte, mas para a vida. Ele vive para que nós vivamos.

BIBLIOGRAFIA

1 – DOCUMENTOS ECLESIAIS

BENTO XVI. Homilia na Eucaristia de inauguração da V Conferência Geral do Episcopado Latino-Americano e do Caribe. Santuário da Aparecida – Brasil, 13 de maio de 2007.

_____. Exortação apostólica pós-sinodal *Sacramentum Cairitatis*, sobre a Eucaristia, fonte e ápice da vida e da missão da Igreja. São Paulo: Paulinas, 2007.

_____. Carta encíclica *Caritas in Veritate*, sobre o desenvolvimento humano integral da caridade na verdade. São Paulo: Paulinas, 2009.

_____. Carta apostólica, sob forma de *motu proprio*, *Porta Fidei*. São Paulo: Paulinas, 2011, n. 7.

CATECISMO DA IGREJA CATÓLICA. *Edição típica vaticana*. Petrópolis/São Paulo: Vozes/Loyola, 1999.

CELAM. *Texto conclusivo da V Conferência do Episcopado Latino-Americano e do Caribe*. Brasília/São Paulo: CNBB/Paulus/Paulinas, 2007.

CNBB. Campanha da Fraternidade. Fraternidade e tráfico humano. Brasília: CNBB, 2014.

_____. *Cristãos leigos e leigas na Igreja e na sociedade*. Brasília: CNBB, 2016. (Documentos da CNBB, n. 105.)

_____. *Iniciação à vida cristã: itinerário para formar discípulos missionários*. Brasília: CNBB, 2017. (Documentos da CNBB, n. 107.)

_____. Campanha da Fraternidade 2019. Fraternidade e políticas públicas. Texto-base. Brasília: CNBB, 2019.

_____. *Diretrizes Gerais da Ação Evangelizadora da Igreja no Brasil 2019-2023*. Brasília: CNBB, 2019. (Documentos da CNBB, n. 109.)

CONGREGAÇÃO PARA A EVANGELIZAÇÃO DOS POVOS. *Guia para o mês missionário extraordinário*. Brasília: CNBB, 2019.

FRANCISCO. Carta encíclica *Lumem Fidei*, sobre a fé. Brasília: CNBB, 2013.

_____. Exortação apostólica *Evangelii Gaudium*, sobre o anúncio do Evangelho no mundo atual. São Paulo: Paulinas, 2013, n. 160.

_____. Encontro com as famílias. *Discurso do Santo Padre na Catedral de Nossa Senhora da Assunção*, Santiago, Cuba (terça-feira, 22 de setembro de 2015).

_____. Carta encíclica *Laudato Sí*, sobre o cuidado da casa comum. (Documentos do Magistério.) São Paulo: Paulus/Loyola, 2015.

_____. Homilia na Eucaristia celebrada com os novos cardeais (15 de fevereiro de 2015). *AAS* 107 (2015).

_____. Exortação apostólica *Amoris Laetitia*, sobre o amor na família. Brasília: CNBB, 2016. (Documentos Pontifícios, n. 24.)

_____. Exortação apostólica *Gaudete et Exsultate*, sobre o chamado à santidade no mundo atual. (Documentos Pontifícios, n. 33.) Brasília: CNBB, 2018.

_____. Exortação apostólica pós-sinodal *Christus Vivit*. Brasília: CNBB, 2019. (Documentos Pontifícios, n. 37.)

_____. Mensagem para o Dia Mundial das Comunicações Sociais 2019. Disponível em: <http://w2.vatican.va/content/francesco/pt/messages/communications/documents/papa-francesco_20190124_messaggio-comunicazioni-sociali.html>. Acesso em: 2 de outubro de 2019.

JOÃO PAULO II. Carta encíclica *Redemptor hominis* (4 de março de 1979), 15: *AAS* 71 (1979).

_____. Exortação apostólica *A missão da família cristã no mundo e hoje*. São Paulo: Paulinas, 1981.

_____. Catequese (17 de janeiro de 2001), 4: *Insegnamenti 24*/1 (2001), 179; *L'Osservatore Romano* (ed. portuguesa de 20/I/2001).

PAULO VI. *Discurso à FAO, no seu XXV aniversário* (16 de novembro de 1970), 4: *AAS* 62 (1970), 833; *L'Osservatore Romano* (ed. portuguesa de 22/XI/1970).

SAGRADA CONGREGAÇÃO PARA A EDUCAÇÃO CATÓLICA. Orientações educativas sobre o amor humano. Linhas gerais para uma educação sexual (Roma, 1 de novembro de 1983). *EV* 9, 417-530.

2 – OBRAS GERAIS

AZEVEDO, Walmor Oliveira de. *A juventude quer viver*. Disponível em: <http://www.cnbb.org.br/site/articulistas/dom-walmor-oliveira-de-azevedo/12431-a-juventude-quer-viver>. Acesso em: 2 de outubro de 2019.

AZPITARTE, Eduardo López. *Ética da sexualidade e do matrimônio*. São Paulo: Paulus, 1997.

BLANK, Renold. *Encontrar sentido na vida. Propostas filosóficas*. São Paulo: Paulus, 2008.

BOFF, Leonardo. *Lamento junto a Deus pelo Haiti*. Disponível em: <http://www.leonardoboff.com.br/site/lboff.htm>. Acesso em: 2 de outubro de 2019.

BORTOLINI, José. *Roteiros homiléticos. Anos A, B, C. Festas e solenidades*. São Paulo: Paulus, 2007.

BRUSTOLINI; Leomar; LELO, Antônio Francisco. *Iniciação à vida cristã: Batismo, Confirmação e Eucaristia de adultos: livro do catequizando.* 7. ed. São Paulo: Paulinas, 2011.

GRÜN, Anselm. *Virtudes que nos unem a Deus. Fé, esperança e amor.* 2. ed. Petrópolis: Vozes, 2008.

LELO, Antônio Francisco. *Projeto Jovem. Para grupos de perseverança. Livro do perseverante.* 3. ed. São Paulo: Paulinas, 2012. (Col. Água e Espírito.)

LIBANIO, João Batista. *Jovens em tempo de pós-modernidade: considerações socioculturais e pastorais.* São Paulo: Loyola, 2004, p. 104.

MOSER, Antônio. *O enigma da esfinge. A sexualidade.* 3. ed. Petrópolis: Vozes, 2002.

PASCAL, Blaise. *Pensamentos. Texto integral.* São Paulo: Martin Claret, 2003.

ROSSI, Luiz Alexandre Solano. *Como ler o livro das lamentações.* Não existe sofrimento estranho. São Paulo: Paulus, 1999.

SANTO AGOSTINHO. *Confissões.* São Paulo: Paulus, 1984.

_____. *Comentário da primeira epístola de São João.* São Paulo: Paulinas, 1989.